Sustainable Branding

中小企業のサステナブルブランディング

SDGsを活用した
マインドシェアNo.1ブランド構築の
具体策

村木則予 Noriyo Muraki

エベレスト出版

まえがき

ＳＤＧｓという言葉を初めて聞いたのは、いつだったでしょうか。
確か、最初は大企業や自治体の方々が、胸にカラフルなバッジをつけ始めた頃でした。
そのバッジはあまりに目立っていて、多少ファッションの趣きを醸し出していました。
「また流行りものか」と思ったのを覚えています。

私は中小企業分野を専門にするコンサルタントです。こういった流行りものは大企業や行政、銀行などから始まって徐々に中小企業に広まってきます。まだ駆け出しの頃、ＢＣＰやＣＳＲやＩＳＯなど「アルファベット3文字には注意するように」と先輩のコンサルタントから言われたことがありました。ＳＤＧｓは4文字ですが、また同じ類のニオイがしていました。

流行りもの3文字のなかには、中小企業にも確実に浸透し、いつのまにかその考え方がスタンダードになるものもあります。スタンダードになるかならないか、その境目はどこにあるのでしょうか。

大企業と比べて資源が少ない中小企業では、人・物・金・情報の経営資源を使い、できるだけ早く利益を回収したいと考えるものです。利益が出なければ社員の給料も払えないし、設備投資もできません。利益に向かう思考がないと、企業は一歩も前に進めません。逆に言えば、たとえ流行りものであっても、この思考に応えるアルファベット3文字であれば、中小企業に浸透する条件の一つとなります。

考え方がスタンダードになるかならないかを分けるもう一つの条件は、外部からの圧力です。代表例がＩＳＯです。大企業がＩＳＯの認証取得を取引の条件としたため、中小企業も従うこととなり、結果として品質管理の考え方が広まることになりました。

ＢＣＰ（事業継続計画）も少しずつ知名度を上げています。震災やパンデミックなど、予測不能な事態がいつ起こるともわからない昨今です。会社の資産と社員を守り、事業を継続する計画の必要性は日増しに高まります。ＢＣＰ計画を策定した企業に対する優遇策も講じられています。

他方、どのような経営者にも起業の動機というものがあります。まれに金を稼ぐことを動機とする起業家に出会うこともありますが、大方の企業では、何らかの志を抱いて事業をスタートしているはずです。二代目、三代目の事業承継者も、先代が培った信頼を守りつつ新しい時代に対応するために自分らしさをどう打ち出していくかに腐心しているはずです。

こうした目に見えない想い、志、ビジョンといったものは、利益を生み出そうとする日々の仕事のなかで忘れ去られがちです。自社の内的動機や強みを踏まえて事業の方向付けをするよりも、外部の事情に押し切られて選択することもあるでしょう。中長期的な視点よりも、目先の物事への対処が優先され、ふと気が付くと、どこに向かっているかわからない。何かの目的のために事業をやっているはずなのに、事業の継続しか考えなくなっている。手段が目的化してしまい、本来の目的がかすんでしまう……。

私は、業績が業界平均以上で、働いている人の幸福感も高い中小企業について研究をしてきました。その成果を踏まえて、現在は「ES‐CSチェーン」と名付けた考え方を、中小企業の社長にお伝えしています。

これは中小企業にとって、「攻め」となるマーケティングやブランディングの領域と、「守り」となる組織づくり・人材づくりの領域を連携した考え方です。これら二つを同時に実現する仕組みを提案しているのです。

「ES‐CSチェーン」は、ES（社員満足）がCS（顧客満足）を呼び、CSがESを呼ぶというサイクルを実現する考え方です。このサイクルを回すエンジンとなるのが、経営者の魅力あるビジョン、求心力のある会社の未来像です。それもできるだけ大きく、できるだけ広く人を魅了するものが欲しい。

そこにSDGsという道具がぴったりはまったのです。2030年の世界のあるべき姿を描き、取り組むべきテーマが17も挙げられている。しかもこれらのテーマをどう解釈するかは企業の自由。さまざまな社長の事業に対する内的な動機付けを関連させて語るのに適した懐の深さを持っています。

さらに魅力的に映ったのは「利益を出して、継続させる」ことが優先度の高い事項として掲げられていることです。先にも書きましたが、資源が少ない中小企業は、できるだけ省資源・短期間で利益を出す必要があります。社長の頭の中の優先順位もそうなっているはずです。

SDGsはCSR（企業の社会的責任）と異なり、ただ単に社会課題の解決を企業に求めているのではありません。利益を出して継続性を担保しながら社会課題の解決を事業化することが本来の主旨です。ボランティア活動でもなく慈善活動でもありません。営利企業が新たな事業を展開するフィールドの一領域なのです。

中小企業に浸透する2つ目の条件に挙げた「外的要因」についても、少しずつ追い風が吹き始めています。たとえば自治体による「SDGs認証」や、SDGs活動を行う企業への融資の際の優遇策などが、全国のあちらこちらから聞こえるようになってきました。

社会的に脱炭素化やリサイクルなどのテーマが大きく取り上げられるようになっており、中小企業がＳＤＧｓに取り組むべき外的要因は今後ますます拡充していくでしょう。

このように中小企業にとっても、ＳＤＧｓに取り組む理由が明確になりつつあります。ただ単に「流行りもの」として片付けてしまうには惜しい要素が多数含まれていることがわかってきたのです。

さて、本書のサブタイトルは「マインドシェアナンバー1ブランド構築の具体策」です。ここで私が提案するのは、新しい視点から新規事業を生み出し、社員と顧客をファンにしながら持続可能な貴社のブランドを構築するプロセスです。

このブランディングの目的は、社員にとっても顧客にとっても一番に想起される企業になることです。業績が良くて、社員も幸福に働いている企業になることです。会社が継続的に発展していくためには顧客と社員を貴社のファンにしなければならないからです。

本書は、ＳＤＧｓの17のゴールや持続可能経営の考え方を使いながら、その理想像に向かう方策を、マーケティング、ブランディング、組織づくりなどの各面から提案をしています。

すでに業績も良く社員も幸福だという企業も多数あります。貴社がもしその一社であるなら、ＳＤＧｓを活用してどのようにその状態を維持発展させられるかという観点からお読みいただければと思います。

なお本書では、国連が提唱する２０３０年の持続可能な開発目標を指して「ＳＤＧｓ」という言葉を使っています。一般的には「ＣＳＶ（共有価値の創造）」という言葉のほうが普遍性を持ちますが、現時点でより知名度の高い言葉として「ＳＤＧｓ」を使用することとしています。いずれにせよ、目指すところはサステナブル（持続可能）なブランドを貴社に実現することです。

社会課題は２０３０年を過ぎても存在します。社会課題をビジネスチャンスと考える社長は、ＳＤＧｓの17のゴールにとらわれずに検討していただければと思います。社会の利益を追求することで自社も潤うようなビジネスモデルを構築し、持続可能性を担保しつつ貴社の独自性が際立つサステナブルブランドの構築を進めていただければ幸いです。

株式会社アトリオン　代表取締役

村木　則予

目次

第1章

中小企業がSDGsに取り組むべき理由

SDGsが「マインドシェアナンバー1ブランド」の構築に役立つ理由

本書は、SDGsの考え方を活用して会社の中長期的な戦略を立て、競合他社とは一線を画するポジションを確立したい経営者のために書きました。

本書の最大の特徴は、SDGsとブランド構築のプロセスを関連付けたこと、さらには、ブランディングの対象として顧客と社員の両方を視野に納めた点があります。ブランドは社員を通して顧客に伝わり、将来の顧客へと伝播します。したがって社員の心のなかに、自社のブランドに対する納得感、共感を発生させ、望ましいブランド構築への循環をつくることは優先順位の高い課題です。同時に顧客に対しても、貴社の独自性が際立つブランドイメージを伝える必要があります。この両者を同時に実現するための具体策を説明することが本書の目的です。

私が提唱する「マインドシェアナンバー1ブランド」とは、顧客にとっても社員にとっても「最初に思い起こされる」「大好きな」会社となることです。これこそが、中長期的な観点から利益創出のエンジンを社内に作り上げることと同義となります。

コロナ禍に見舞われた2020年、環境問題やグローバル化といった地球規模の出来事が私たちの生活や働き方に大きな影響を与えました。今までの働き方、事業の展開の仕方をもう一度見直す必要性が生じ、それを踏まえて新しい方向性に歩き出さざるを得ない状況に多くの会社が直面しています。

ＳＤＧｓを活用した「マインドシェアナンバー1ブランド」の構築は、この方向転換に役立つ方法論です。そして本書ではそのための具体策を解説していきます。

なお本書では、国連が提唱する２０３０年の「持続可能な開発目標」を指してＳＤＧｓと呼んでいます。この言葉は、より普遍的にはＣＳＶ（共有価値の創造）と呼ばれます。端的に言えば、社会課題の解決を自社の本業に取り込むことを指しています。

社会課題の解決を自社の本業に取り込む――なんとも難しい表現です。

考えてみれば、どんな事業も、顧客、つまり、お金を出して買ってくれる人がいなければ成立しません。

これまでのマーケティングは、「顧客のニーズ」に応える商品やサービスを提供することで成立していました。顧客の課題を解決することがビジネスの基本であるという点はこれからも変わりません。

消費者は、
お腹がすいたから、お弁当を買います。
健康になりたいから、サプリメントを買います。
もっと痩せて素敵になりたいから、ジムに通います。
企業は、
仕事を回すのに必要だから、ＰＣやコピー用紙を買います。
社屋の外観をきれいに整えて良い印象に見せたいから、外構工事を依頼します。
社内の人員が足りないから、アウトソーシングサービスを使います。

こんな風に「何かをしたい」「何かが満たされていない」から商品やサービスを購入します。このパターンはこれからも変わりません。

問題は、商品やサービスを裏付ける技術や発想が各社横並びになってしまったことです。いくら顧客のニーズを探り、それに基づく商品・サービスを開発しても、他との差別化が著しく難しくなっています。さらには主だった課題はすでに解決されてしまったことから、新たな需要を導きだすために少々高いハードルを越えなければならなくなっています。

資源が少ない中小企業の戦略の基本は「差別化戦略」です。であるにもかかわらず、差別化の余地が急激に狭まっているのです。

ＳＤＧｓや持続可能性の考え方を事業開発やブランド開発に活用する意義はここにあります。ＳＤＧｓは顧客の背後にある社会共通の課題を明示しています。顧客自身が現時点では意識していないけれど、これから先、顧客が企業を選択する際の手がかりになるものです。

ＳＤＧｓのいずれかのゴールに紐づく活動が、貴社の独自性を作り上げます。競合他社より先に、顧客や社会から選ばれる、共感される会社になるための基礎がために役立ちます。

顧客の共感度を上げるSDGsへの取り組み

貴社に対する顧客の共感度を上げ、長い期間にわたってファンになっていただくうえで、貴社のSDGsへの取り組みが一役買います。言い換えれば、貴社のあり方に対して顧客が共感をしてくれればくれるほど、顧客の心に占める貴社のシェア（マインドシェア）が上がります。長く愛されるブランドになり、利益の源になります。

まず、SDGsをよくご存知ない方のためにざっと説明をしておきます。

SDGsは国連が定めた「持続可能な開発目標」を指します。17の目標、169のターゲットが設定されており、2030年に向けての人類の課題を網羅しています。

2030年というところがポイントです。100年後の世界と言われると、あまりに遠い話で、リアルに思い描ける人はほぼいません。50年後でも、やはり現実感は薄いものです。ところがこれが10年先となると、現在と地続きで自分がそこにいる姿がイメージできる、ほど良い距離の未来と感じることができます。

そもそもなぜSDGsの17の目標が設定されたのでしょうか。

歴史を紐解けば、２０００年に定められたＭＤＧｓにまでさかのぼります。ＭＤＧｓは「ミレニアム開発目標」の略で、主に開発途上国に対する援助活動のゴールが設定されていました。それなりに効果はあったようですが、寄付やボランティアでの活動がベースのために、継続が難しいという点が指摘されていました。

他方、一つの問題を解決しようとすると、別の問題が発生するというように、問題を引き起こす要因が複雑化しているため、単一の組織だけでは問題の解決が望めなくなっていました。

たとえば、ＳＤＧｓの5番目のゴールに「ジェンダー平等を実現しよう」があります。ジェンダー平等つまり男女の平等です。女性の社会進出が進んだと言われて久しい昨今ですが、２０１８年のダボス会議において、男女平等の状態を表す「ジェンダー・ギャップ指数」が日本は先進7か国中最下位となりました。特に経済活動や政治に参画して意思決定が行える女性が少ないというのが日本の現状です。

ジェンダー問題の背後にある複雑な要因

この状態を解消しようと、政府は女性の管理職を管理職全体の30%に増やそうという施策を打ち出しました。ところが実態は平成28年の総務省労働力調査で13・2%。つまり半分にも達していません。

理由はいくつかあります。

一つは育児期の女性が助けを得て、管理職として働けるだけの環境整備がおぼつかないこと。子供が1歳になったから保育園に預けようと申込みに行くと、「空きがないので受け入れられません」と言われます。保育園の収容可能人数が不足しているのです。子供を保育園に預けられなければ、出産後の復帰もままなりません。

家事育児の負担が相変わらず女性により重くのしかかっていることも一因として挙げられます。昨今は状況が変わりつつありますが、保育園の送迎担当を女性が担うことが多く、結果として時短勤務を選ばざるを得ない。能力があっても短時間で完結できる仕事しか割り振ってもらえなくなります。

また女性の側には「管理職は大変で、ワークライフバランスが維持できない」といった思い込みも根強くあります。一世代上の女性管理職たちが、家事育児と仕事を両立させようと悪戦苦闘している様子を目の当たりにすると、「私は、あそこまでして管理職になりたくない」という気持ちが生まれるのも当然です。

女性の管理職登用が進むと別の問題が発生するという指摘もあります。

女性が管理職になると、長時間、企業に拘束されるようになります。すると、子供の面倒を見る時間が減って、子供の福祉が損なわれるという意見が現れます。ＳＤＧｓの３番目のゴール「すべての人に健康と福祉を」を損なう要因になるという主張です。

であれば、男性の育児参画を促進して解決しようとするわけですが、雇用する側の制度が整っていないと、ＳＤＧｓの８番目のゴール「働きがいも経済成長も」が削がれてしまう。今度は「男性の昇進が阻害されるではないか」という意見が出てくるわけです。

女性の管理職が増えないという問題を一つとってみても、一つの解決策を講じると別の問題が発生するといった具合に、一筋縄ではいきません。

それは、ＳＤＧｓのどのゴールをとってみても、同じ状況なのです。

グローバル化が進み、成熟した社会では、問題の背景で複雑な要因が絡み合っています。一つの問題を解決すると、また別の問題が発生します。こういった世界の解決不能問題を集めてＳＤＧｓの17のゴールが掲げられています。

これまでのやり方や、その問題を抱えた国や政府だけでは解決できない。そうではない新しい方法、多様な人や組織を巻き込む活動が求められています。こうした動きの中で企業に対する期待が高まっているのです。

中小企業にとってのSDGsの意義

　では、企業の側に視点を移してみましょう。ＳＤＧｓの登場によって企業をめぐる環境はどのように変わったでしょうか。

　大企業と中小企業でその様子は異なります。

　地球規模で材料の調達や輸出を行う大企業の場合は、いまや世界の共通言語となったＳＤＧｓを無視してビジネスは行えません。ＳＤＧｓに取り組むということは事業を行う上での大前提となっています。

　では中小企業はどうでしょうか。実のところ中小企業とひとくくりにして語るのは容易ではありません。日本の企業に占める中小企業の割合は99％以上、従業員数では約7割を占めています。国内のビジネスにおける中小企業の存在は非常に大きい。

　私は多くの中小企業の社長に接してきましたが、その多様な個性にいつも驚かされます。大企業と比べて規模は小さいけれど、高い志を抱いて独自の事業をしている方が多く、人間として学ばせていただくことも多々あります。

　よく言われますが中小企業は多様性の宝庫です。ＳＤＧｓへの取り組み一つとってみても、著しい温度差があります。

たとえばある農業法人Y社の場合です。特徴のある野菜をハウス栽培し、農協を通さず、スーパーやホテル等と直接取引をしています。販路開拓には苦労をしましたが、品質の良さや真面目な取引の様子に客先が納得すると、定期的に使ってもらえるようになりました。

ここで働いているのは障がい者です。作業を分担し、能力に合わせて仕事を割り振っています。仕事をして、他人に喜ばれるということは、人の基本的な欲求を満たすことにもなります。生産活動に関わり、会社の売上に貢献して、収入も得られる。そういう場を障がい者に提供しながら、利益を生み出す事業を回しています。

別の中小企業を見てみましょう。下請け製造業のA社です。地域に根付き、地域の雇用に貢献してきた企業です。A社の社長は、「今のA社があるのも、地域社会のおかげ」と、地域に対する想いは強く、30年以上も前から、近隣の神社や公園等の清掃を行っています。

全社員あげて定期的に清掃します。それも就業時間中の作業ですから、人件費はA社が負担しています。地域住民からもありがたいという声が聞こえ、自治体からも評価されて、表彰されたりもしています。

Y社とA社、ともに障がい者の雇用や地域の整備といった社会課題に関心を持ち、その解決に取り組んでいます。しかし、ここに決定的な違いがあることに気づかれているでしょうか。

コストではなく利益を生むための投資という発想

Y社とA社の違いは、社会課題を解決するという活動に、本業として取り組んでいるかどうかの違いです。

Y社の場合は、農作物の栽培という現場の仕事に障がい者を雇い、働きがいとお金を提供しながら、売り物である作物を生み出しています。つまり、社会課題の解決と利益を生み出す事業活動が一体となっています。

対してA社の本業は製造業、ものづくりです。近隣の神社や公園を清掃して、「地域の生活環境を維持する」という社会課題を解決しても、A社の本業には影響がありません。もちろん地域住民からの評価は上がりますが、それによってA社の売上が上がるという直接的な効果は期待できません。

SDGsが発する強いメッセージは、本業の中で社会課題の解決をするということです。

では、社会課題の解決を、なぜ本業の中でやらなければならないのでしょうか。

そこには「持続可能性」というキーワードがあります。

どんな事業もそうですが、売上を上げ、そこから従業員の給料や諸々の経費を支払った残りが利益になります。この利益があるからこそ、企業は次の手が打てるわけです。

これがボランティアや慈善事業である場合、経費のほぼすべては実施する人たちの持ち出しになります。もしかしたら補助金に頼るかもしれません。

こういう活動は、長く続けられません。ボランティアの善意や補助金は、いつかは尽きます。対してＳＤＧｓに謳われているような根の深い社会課題の解決には時間がかかります。ですから、その活動自体から利益を生み出して、継続していく必要があるわけです。

では、なぜ企業が社会課題に取り組まなければならないのでしょうか。中小企業が本業のなかで社会課題を解決するメリットは、どこにあるのでしょうか。

ここにマーケティング的な意味合いが登場します。

コロナ禍に見舞われた２０２０年を境に、消費者の関心が、自分や家族といった身の回りから、地球環境や社会課題といった広い範囲に広がっています。

したがって「顧客」を考えるときに、ただ単にその人が抱える課題を解決するだけでなく、その人の社会や世界に対する問題意識まで含めて考えるという観点が生まれてきたのです。

消費行動の背後にある本当の動機

コロナ禍は多くの犠牲者を出した一方で、多くの人が、自然や人間性といったものに今一度意識を向ける機会をもたらしました。多くの国でロックダウンが行われ、経済活動が実質停止する間に、南極のオゾンホールが縮小したり、ガンジス川が驚くほどきれいになったりといったニュースが聞こえてきました。人間の経済活動がいかに自然に悪影響を与えていたかをまざまざと実感させられたニュースでした。

こうした出来事がきっかけとなって、地球環境や貧困や水問題といった世界の課題に目を向ける人が増えてきました。消費者が商品やサービスを選ぶときに、その商品やサービスが提供される背景にまでさかのぼって選択をする、という消費行動が現れたのです。

倫理的に正しい経緯で作られた商品を選択する「エシカル消費」や、生産者を不当に扱うことなく正当な値段で流通させる「フェアトレード」をご存知の方も多いでしょう。こうした言葉、かなり以前から目にしていましたが、ここに来て、俄然光を放ち始めました。

というのも、多くの人がリモートワークの導入によって長い通勤時間から解放される一方、旅行などのレジャーにストップがかかったために、自由に使える時間が増えたのです。

そして、改めて自分と身の回りを見直して、社会課題を意識したＳＤＧｓ的な考え方を支持し始めました。自らの消費行動に少しずつ反映し始めたのです。

およそ人が物やサービスを買うときは、自分が抱える課題を解決することを目的とします。そして、その課題もさまざまです。

たとえば服を一つとってみても、購入者の動機は多岐にわたります。


寒さ、暑さから身を守るために服を買う人がいます。

周辺の人たちに溶け込むために、服を選ぶ人もいます。

自分は他の人とは一味違うということを主張するために服を選ぶ人がいます。


その目的はさまざまですが、いずれもその人が抱く何らかの課題を解決するために、服を買うという行為をします。

物を買うときの主たる関心ごとは、自分です。物に関心が向いているように見えますが、本当のところは、購入しようという物が、自分にとってどういうメリットをもたらすかを考えています。どんな風に自分が抱える課題を解決してくれるかという視点です。

ところで、2013年、バングラデシュで「ラナプラザの悲劇」が起こりました。違法建築を何回か繰り返していた8階建ての建物が崩壊した事故。この事故は「ファッション史上最悪」と呼ばれています。というのも、ラナプラザには銀行や店舗のほかに世界的に有名な27のファッションブランドの縫製工場が入っていて、犠牲者の大半は縫製工場で働いていた女性たちだったからです。

この話には伏線がありました。崩壊前日にビルの壁に亀裂が発見され、労働者は危険を察知して訴えを起こしましたが、工場管理者は操業を続けさせた、というのです。

この事故をきっかけに、ファッションブランドの多くは縫製工場の管理体制まで気を配るようになりました。

消費者が、商品ができるまでの過程も商品選択の判断基準にし始めたからです。自分の課題を解決するための消費から、社会の課題に目を向けた消費へと変化したからです。

そしてその現実をファッションブランドが無視できなくなったからです。

時をさかのぼれば、スポーツシューズやチョコレートの例もあります。違法な児童労働が露見して、消費者の心が離れた例です。多くのグローバル企業が、自社のサプライチェーン（供給体制）を再点検し、違法な強制労働や環境に悪影響を与える材料を使っていないかなどを詳細に調べ上げました。

これも、消費者のチェックの目が、商品・サービスそのものから、その背後にある企業の姿勢にまで拡大した証拠と言えます。

「顧客」の概念が「社会」まで拡大する

これまでの消費行動は多くの場合、自分に対する関心から始まっていました。ところが、自分とは遠い存在として考えられてきた社会課題が、意外に自分の身近にあり、へたをすると自分の行為がそこに悪影響を及ぼしているかもしれないと思う人が増えてきました。商品・サービスを選択する消費者の視野に、その企業が倫理的に正しい活動を行っているか、さらには社会の課題解決に貢献しているかと言った観点が入り始めています。

そこに中小企業がＳＤＧｓ的な視点を踏まえ、本業のなかで社会課題に取り組む意義があります。中小企業の経営者のなかには「それは大企業の仕事ではないか」と思う人もいるでしょう。「中小企業は地元のニーズにきめ細かに応えることが使命、海の向こうで起こっていることは関係ない」と。

消費者にとってみれば、社会課題の解決を担うのが大企業なのか中小企業なのかは、問題ではありません。たとえば地域密着で長年営業してきたカフェが、飲み物に添えるストローをプラスチックから紙製に変えたり、コーヒー豆を産地や生産者が明確なフェアトレード品に変えたりするだけで、感度の良い消費者の目に留まります。

感度の良い消費者は、価格よりも付加価値を大切にします。中小企業にとってみれば、価格よりも付加価値に重きを置く消費者の方が、そうでない消費者より「良い顧客」であるはずです。

私はいつもクライアントに「中小企業は価格で勝負しないでください」と言っています。「経営資源が潤沢ではない中小企業が、競合と価格で勝負をするとほぼ負ける。付加価値をつけて、多少高い価格であっても顧客の納得感を引き出すようにしてください」と。

さらに言えば、「他社と競合するのではなく、自社の強みを活かして他社と棲み分けをしてください」と付け加えます。ここには「自社に適した良い顧客を選ぶ」という視点も含まれます。

大企業に比べて資本力も人材力も乏しい中小企業が、社会課題に取り組むなど「到底無理」と考える経営者もいるかもしれません。

先のカフェの例でもわかるように、社会課題の解決は本当に小さなことから始められます。たとえば雇用もそうです。一人雇用を増やせば、お金に困る人を一人減らせます。

ある通販会社では、業務の一部を切り出して、障がい者が働く近隣の授産所に業務委託をしています。障がい者が授産所でもらえる給料は一か月数万円と決して高くはありません。しかし、企業が仕事をアウトソーシングすることで、障がい者に働きがいや生きがいを提供することになる。これも立派な社会課題の解決です。同時に、人手不足という社内の課題も解決します。

ある飲食店ではコーヒー豆をアフリカの農場から直接仕入れ、客に提供しています。仕入れ価格は現地の農業が持続可能であることを第一に考えて決めています。コーヒー一杯の値段は高くなりますが、客は納得して注文します。店内には現地の地図や生産者の写真を貼りだし、生産地とのウイン・ウインの関係を築きながら飲食を提供していることをアピールしています。

以上のように社会課題の解決を本業に取り込み、利益を生み出していくことが、SDGsの活動に持続可能性をもたらすポイントです。

ただ、最初から利益を目指すと本末転倒になる恐れがあります。他方、最初から社会課題の解決を目指すと、本業にとって重荷になる危険性もあります。

そこで私は、最初に自社の課題や方向性を認識し、その解決策を検討する、そしてその方向性を追求する中で、社会課題の解決を位置付けるという方法をお薦めしています。

大切なのは自社の軸足を失わないことです。そして少しずつ始めることです。

SDGsの17のゴールはいずれも「良いこと」ですが、会社が継続しなければSDGsの実現を支援することもできません。軸はあくまでも自社に置き、新規事業開発の一つの手段として検討するところから始めるのが無理のないやり方です。

大企業との取引条件としての重みが増す

中小企業がＳＤＧｓや社会課題を意識せざるを得ない、そこにはもう一つの理由があります。これらに取り組んでいるかどうかが、大企業との取引条件になる可能性があるということです。

ＲＥ１００という国際ビジネスイニシアティブがあります。「イニシアティブ」という英語に適当な日本語訳がないのですが、推進グループ程度の意味合いでご理解ください。

ＲＥ１００は事業活動に使用するエネルギーを、１００パーセント太陽光や風力発電などの自然エネルギーでまかなおうという活動です。世界の影響力のある大企業が参画するほか、日本からも大手企業中心に参画しており、その数は今後増えていくと予想されています。

ＲＥ１００が中小企業に大きな影響力を持つ理由は、今後、大手企業との取引条件のなかに「ＲＥ１００への取り組み」が入ってくる可能性があるからです。というのもＲＥ１００では、「サプライチェーン全体への責任」が問われているのです。

逆に言えば、ＲＥ１００に取り組んでいれば、競合他社よりも大手企業との取引の可能性が高まるということにもなります。

地球温暖化の影響が激しくなるなか、ガソリン車の販売をやめる動きが出てきました。脱炭素化社会に向かう中で、中小企業にも影響が及ぶことが予想されます。

すでに自社工場の屋根の上にソーラーパネルを設置している企業もあるでしょう。風力発電で事業所の電力の何割かをまかなっている企業もあるかもしれません。いずれにせよ、電力をすべて自然エネルギーに変えるとなると、相応の準備期間が必要です。

大手企業からの影響で、事業展開の方法に変更を余儀なくされるケースはエネルギー分野以外にも発生するものと予想されます。

たとえば食品業界。欧米の食品関連の大企業が、調達する鶏卵をケージフリーに絞ることを宣言しています。ケージフリーとは平飼いのことです。

鶏卵用のニワトリは多くの場合、狭いケージに入れられ、身動きがとれない状態で卵を産んでいます。これに対して動物保護団体が動物福祉の観点から声を上げ、ケージフリーつまりケージのない飼育環境が求められるようになりました。

このような対応はヨーロッパが先行していますが、今後は日本にも広がってくるでしょう。鶏卵についていえば、国内でもすでにケージフリーの飼育方法に取り組み、付加価値を謳って差別化を図っている事業所もあります。そしてそういう商品を優先して使う飲食店が現れ、意識の高い消費者に訴える素材として活用しています。

中小企業だから取り組まなくてもよい、あるいは、取り組む必要がない、では済ませられなくなる日がくるかもしれないのです。

働き方改革、人材採用での優位性を高める

私は前職時代を含め、中小企業のブランドづくりに関わる仕事に20年以上にわたって携わってきました。クライアント企業の商品やサービスの優位性を、衆目を集めるキャッチフレーズで表現したり、優秀な人材を採用するためのコンセプトを作ったり、コーポレートブランディングと称される会社のイメージづくりの仕事を数多く手がけてきました。

その間に中小企業診断士とキャリアコンサルタントの資格をとり、ブランディングの仕事をする傍ら、中小企業の事業計画策定や資金調達、人材教育などを広範にお手伝いしてきました。当時、勤めていた会社が中小企業であったため、その良い点と悪い点の両面を実体験しつつ、どうしたら社員が幸福に働けるのか、その要諦を探ろうと研究を始めました。

この時、まとめた論文が「業績と幸福感が両立する企業の質的研究」です。とある学会で発表させていただいたところ、光栄なことに「ヤングインベスティゲーター賞」という賞をいただきました。ヤングというにはほど遠い年齢での受賞でしたが、「今後の経営に必要な考え方」という評価をいただいて、考え方が間違っていないことを再度確認しました。

その後、中小企業支援機関に身を転じ、創業者に対してビジネスとキャリアの両面からサポートをしたのち、現在代表を務める株式会社アトリオンを設立。ここで、本腰を入れて「業績と幸福感が両立する企業」を実現するためのコンサルティングサービスを提供することになりました。その名称が「マインドシェアナンバー1ブランドプログラム」です。

弊社がクライアント企業に実現を促す「会社の業績」と「働く人の幸福」の両立というテーマは、SDGsの8番目のゴールである「働きがいも経済成長も」にぴったり重なります。その意味でSDGsは弊社と私にとって、またとないガイドラインになっています。

「会社の業績」と「働く人の幸福感」を同時に実現しようと思ったら、前提として強いビジネスモデル、独自性の高い事業が必要です。その構築にはさまざまな手法や理論が提示されていますが、ほとんどが過去の分析に基づいて将来を計画するフォーキャスト型の方法論です。

SDGsはこれとは逆で、将来のゴールから次の一手を検討するバックキャスト型の方法論をとります。あるべき未来像、あるべき会社像から逆算して、今やるべきことを検討する。この手法のメリットは、過去の経験や実績にとらわれることなく、現状から飛躍した、斬新なアイデアを生み出しやすいという点です。発想の制約を外すことにより、人の創造力も刺激されます。

人は創造性を発揮して挑戦したり、他人を助けて感謝されたりすると、幸福感を覚えることが実証され始めています。理想の未来を目指して、ユニークなビジネスモデルの構築と、社員の幸福感が増大する機会を増やすことができれば、必ず業績に好影響が出ます。

数年前から「働き方改革」が叫ばれています。コロナ禍で状況は若干変わったものの、大きな流れとしては、人間性を取り戻す働き方への希求は続くでしょう。こうした潮流に敏感なのは、これから社会に出る若者たちです。優秀な若者ほど、早い時期からＳＤＧｓなどの新しい考え方を学び、人生の大きな選択の際に判断基準として活用しています。

したがって、これから優秀な人材を採用し、会社のために長く貢献してもらおうと思ったら、ＳＤＧｓや持続可能性に配慮した経営は彼らにとって魅力的に映ります。その先進性と環境や世界に向ける視線の新しさが、自分たちにとっての働きやすい環境づくりにも反映していると考えるからです。

人材採用と人材に活躍の場を与えるという観点からもＳＤＧｓに取り組む意義は大きいと言えます。

会社の志を強くするサステナブルブランディング

この章の最後にＳＤＧｓがなぜ中小企業のブランディングに貢献するかを説明します。サステナブルブランディングという言葉を私は二つの意味で使っています。

一つは、社会の持続可能性に貢献する事業を通して企業の独自性、つまりブランドを構築していくこと。すなわち社外に向けたブランディングです。

もう一つは、それによって貴社の持続可能性を担保するということ。すなわち社内に向けたブランディングです。

この最初のステップとして、ＳＤＧｓの17のテーマを足掛かりにして、社会全般を視野に納めた理念やビジョンの検討をお勧めしています。理念やビジョンが、独自性の高い事業づくりのガイドラインとなるのと同時に、社員の志を束ねる役割を果たすからです。

ビジョン、ミッション、経営理念、社是、社訓など会社の考え方や方向性を表現する言葉はいろいろあります。いずれも、創業者の志を反映し、社員の意思を束ねるために策定されるものです。ところが、会社によっては、あまり大切にされていないことがあります。

ある会社では玄関を入ったロビーの壁に立派な額に入れた会社の理念が飾られていました。創業者の言葉と現社長の言葉を並べたものでしたが、社員はあまり気にしていない様子です。ためしに、近くにいた一人の社員にその意味を尋ねてみたら、「ここに書いてある以外のことはわからない」という返事。さらに聞くと、理念の意味するところを浸透させるような機会は設けられておらず、その必要性も感じていない様子でした。

別の会社でも同様に、玄関を入ったすぐのところにビジョンの言葉が掲げられていました。社内にも随所にその言葉が掲げられています。

後者の社長に聞いたところ、このビジョンを浸透させるために月に何回か時間をとってミーティングを開催しているとのこと。前出の会社と同様、ためしに社員に意味を聞いてみたところ、社長の説明とほぼ同じ回答が返ってきて、その浸透ぶりが理解できました。

理念やビジョンを社内に浸透させる大切さを話し始めると、「会社は宗教ではないから、信義を浸透させる必要はない」とか「お客さんが買ってくれるかどうかは技術によって決まる。理念などは必要ない」という反論をいただくことがあります。

理念やビジョンという言葉が出てくると、社員を洗脳するようなイメージを持たれるのかもしれません。抽象的な概念は人によってとらえ方が違うので、その浸透を図ることは無理、という考えかもしれません。

私はビジョンや理念の実務的な活用法の一つとして、ガイドラインとしての利用を挙げています。前例が踏襲できない、先行きの見えない経営環境下で、企業が次の手を打つというときに、やるべきかやらざるべきかを決める選択基準になるということです。アップル社の設立者の一人であるスティーブ・ジョブズは、「最も重要な決定とは何をするかではなく、何をしないかを決めることだ」と言っています。

新規事業を考えようというとき「なんでもあり」の状態になった経験はありませんか。あるいは、AをとるかBをとるかの判断を迫られたとき、決め手に欠けて困ったという経験はないでしょうか。

隣の芝生は青く見えるではないですが、他所の会社が何かで成功したと聞けば、そちらに関心が移り、また別の会社が新規事業を軌道に乗せたと聞けば同じことをやってみようかと考える。人間誰しも折に触れて心が動くものですが、そこに一本、志が立っていれば、やるべきこと、手を出すべきでないものがわかります。その志こそが、理念やビジョンといった概念なのです。

すでに確たる理念のある企業の社長は、あえてそれを曲げる必要はありません。ぜひSDGsや持続可能性の考え方と関連性がないかを見てみてください。おそらく高い確率で関連性を見つけることができると思います。

会社の理想や社長ご自身の人生に照らして自社の理念が言語化されていないのであれば、SDGsの17のゴールを眺めてみてください。どこかにひっかかりを覚えるはずです。ご自身の中にある何かと共鳴するものが見つかるはずです。それを手掛かりに言語化を試みてください。

社会の持続可能性と社長のビジョンが重なり合い、貴社の強みが活かせる領域で新たな事業の展開を考え始める時、貴社の独自性を際立たせるブランディングの第一歩が、スタートします。

社員の意識を束ねる納得感の高いブランドメッセージ

サステナブルブランディングが貴社の組織づくりに役立つ理由。それは、環境の不透明さが増すなかで、社員の創造性や個性の発揮がますます求められるようになることと関連しています。女性、高齢者、外国人、障がい者など人材の多様化が進む中で、社員の意識を束ねる求心力のあるメッセージが必要となるからです。

少し前の時代であれば、社員は年功序列、終身雇用の制度に守られていました。いったん入社すれば長い時間をかけて会社のカラーに染まり、阿吽（あうん）の呼吸で仕事を進めることができました。人間関係は濃く、毎日の業務の中で、考え方やノウハウが暗黙知として伝わりました。

ほとんどの社員が既婚男性であった時代は、人材管理も一律ですみました。家に帰れば専業主婦が待っていて、家事や身の回りのことをすべてやってくれましたので、気の済むまで残業できました。その上、今ほど管理職も忙しくなかったので、部下の面倒もみられました。一生同じ会社に勤めるのが当たり前であれば、付き合いも深くなりました。気心も知れる仲となりました。

ひるがえって現在の管理職はプレイヤーも兼ねるケースがほとんどです。自ら数字を持って成果を出さなければならず、加えて部下の面倒も見るとなると、余裕はありません。多くの場合、優先順位はマネージャー自身の成績のほうに傾きます。チームをまとめるとか、部下の成長を支援すると言った視点や関心は薄くなります。

他方、労働人口が減少することで、企業はいろいろな人材を活用せざるを得なくなってきました。

育休明けで時間制約のある女性もいれば、次々に資格をとってスキルアップに励む人もいます。

老齢の親の介護をしながら働く人もいるし、外国人もいるかもしれません。

メンタル不調で会社に来るのがやっとの人、転職したばかりで会社に馴染めない人もいます。

フルタイムで働く人もいれば、パートやアルバイトもいる。契約社員や派遣社員もいます。

こんなにいろいろな種類の人たちが同じ職場で働く状況は、これまでありませんでした。人材が均一だったころは働く動機も大体同じでした。ところが、これだけ背景の異なる人たちが集まっていると、個々の働く動機も多様性を増していきます。

働く動機が多様化したからこそ、あえて企業の方向性を明文化し、個々に納得してもらう必要が生まれてきました。

ひと昔前、人材の同質性の高い時代では、会社の理念や考え方をあえて口に出さなくともある程度の意識のまとまりはありました。加えて、ともに過ごす時間が長かったので、理念などという概念で方向性を示さなくても、なんとなく互いにわかりあえたのです。

状況は変わりました。これからは多様な人材をまとめ、各人の個性と能力を発揮してもらいながら、組織として定まった方向に向かっていかなければなりません。その時、理念やビジョンといった概念が、社員の判断基準を提示するという意味で役立つ存在となります。

ＳＤＧｓの17のゴールは、２０３０年に実現していたい未来の姿を描いています。しかも、社会課題の解決という誰もが納得する「良いこと」が描かれています。そこに貴社のビジョンや理念を重ねることができれば、多様な人材の誰にとっても納得できる会社のゴール設定が可能となります。

誰ひとり取り残さない思考が会社を強くする

ＳＤＧｓの強いメッセージの一つに「誰ひとり取り残さない」があります。この言葉は、これからの会社運営において重要な意味を持っています。

「誰ひとり取り残さない」の背景には、今までの社会の仕組みの中で取り残されてきた弱者にスポットを当て、その人たちに寄り添うことで、より大きな社会的課題の解決を導く考え方があります。

同じメッセージを、多様化する社内の人材に対しても適用することができます。

多様な人材ひとりひとりに寄り添い、その課題を最大公約数的に解決していくことが、組織を強くする方法になり得るということです。

ある運送会社がトラックに積み込む荷物をさばく仕事で求人をしていました。重い荷物を扱う仕事なので、できれば頑強な男性を採用したい。ところが、なかなか頃合いの良い人材が応募してきてくれません。

一計を案じてパートタイムの女性を採用してみたら、想像以上に良く働いてくれます。それで、これからは女性の力を活用しようと考えました。

とはいっても、一般的に女性は男性ほど頑強でも力持ちではありません。だからこそ配送業者で働く人の主力は男性だったわけですが、女性を活用しようと考えたことが旧来のやり方を大きく転換するきっかけとなりました。

力のない女性でも重いものを簡単に運べるよう新しい設備の導入を検討しました。仕事のやり方も変えました。たとえば、腰をかがめなくても荷物を持ち上げられる台を用意して腰痛を予防するとか、荷物を運ぶときにアシストしてくれるような設備を導入して身体の負荷を軽くするといったアイデアを採用しました。

こういった配慮が施されると、対象となる女性だけでなく、力のある男性たちにも恩恵が及びます。女性だけでなくシニアの社員にも任せられる仕事になります。求人の間口も広がり、人が採りやすくなります。

こんな風に社内人材のなかの「弱者」にフォーカスして、その人たちを取り残さないための方策を検討する。結果として全社の働きやすさが格段にアップするという効果が生まれてきます。

「誰ひとり取り残さない」という考え方は、顧客対応やマーケティング面においても活用できます。従来であれば、できるだけ大きな市場を対象に事業を展開するのが効率的と考えられてきました。市場の大多数を相手にした最大公約数的な商材を提供するのが、マーケティング的な王道であったわけです。

ところが市場の細分化が進む中で、大多数を相手にした商材が売れなくなってきました。より個別のニーズにかなう商品やサービスが求められるようになってきたのです。

「誰ひとり取り残さない」という考えは、個別の顧客や消費者のニーズに寄り添うマーケティングへと発展します。今までであれば「取り残されて」きた客に対して最適化された商材の提供が可能となれば、新しい市場を獲得する可能性も広がります。新たな事業を検討する際の一味違った切り口になるはずです。

中小企業におけるＳＤＧｓの具体的な活用法を、次章以降で掘り下げていくことにします。

第2章

顧客の共感を呼ぶマーケティングとSDGsの貢献

物もサービスも成熟した時代のマーケティング

この章ではマーケティングや新商品、サービスの開発にＳＤＧｓをどう役立てるかという観点から説明します。

何度も言いますがＳＤＧｓへの取り組み方は、社会課題の解決を本業に取り込むことが基本です。ですが、中小企業が利益を出すためには、社会課題を論じる前にいま目の前にいる顧客に目を向け、その満足度の向上に力を割くほうを優先すべきです。そして潜在的なニーズや課題をつかみ、その解決を通して関係性を深めます。

こうした観点からまずは、私が普段クライアントに説明しているマーケティングの考え方についてご紹介をします。

「競合他社と比較した貴社の優位性を挙げてください」

私はクライアントとの最初のミーティングで必ずこの点を尋ねます。その会社のブランディングを考える際に、ビジョンや理念といった会社の上流にある概念と同じくらい重要なのが、会社の優位性、他社との差別化要素だからです。

差別化要素は技術的な優位性であることもあれば、会社の歴史であったり、顧客との強い絆であったり、社員のチーム力であったりします。

時々、「競合他社と比較した貴社の優位性を挙げてください」と問われて答えに窮する社長もいます。「他社とやっていることはほとんど同じ。独自なところはない」と言うのです。

貴社に固定客がいるのであれば、必ず貴社とお付き合いするメリットを感じているはずです。そこを掘り下げてみると、他とは異なる独自性が見えてくるはずです。

ところが普段は、自社の良さや何が顧客から評価されているかを突き詰めて考えることはしていません。だから、答えに窮するということになります。

別の経営者に同じ質問をしてみました。

「それは信頼です」という答えが返ってきました。

「信頼」のような抽象的な言葉は便利に使えます。

顧客は貴社を信頼しているから取引を継続してくれる。

顧客は担当者を信頼してくれているから他社に乗り換えない。

顧客は貴社商品の品質を信頼しているから細かな納品チェックはしない。

確かにその通りなのですが、なぜ信頼してくれるのかを具体的に考え、言語化してみないと、足をすくわれる恐れがあります。知らないうちに「信頼」の核となる部分を削ぎ落しているかもしれません。逆にその信頼の核を育てていけば、さらに差別化を図っていくこともできます。

「信頼」を裏付ける要因を言語化すれば、顧客や社員によりよく伝わります。その優位性を手掛かりにして、貴社の存在をアピールすることができます。アピールできれば、新規の顧客を惹きつけることもできます。優秀な人材の採用にもつながります。

同じ業界内での商品やサービスの差別化はますます難しくなってきています。それに加えて業界の垣根を超えた競争も始まっています。

たとえば以前であれば規制で守られていた業界にも自由化の波が訪れています。ガス会社が電力も扱うようになり、電力会社がガスも扱うようになるといった具合に、類似のサービスの相互乗り入れもあります。大企業だけの話ではなく、その代理業務を担う中小企業にも競争の波は押し寄せています。

こういった現象をピンチとみるかチャンスと見るかによって、その後の展開は大きく変わってきます。感度の高い経営者であればチャンスと見て、自社でとれる手を検討し始めているでしょう。

強みの認識とニーズへの気付き

その第一歩となるのは、自社の強みの認識です。「信頼」といった抽象的な言葉ではなく、もう一段かみ砕いた具体的な事象や行為です。約束は必ず守るとか、問い合わせには24時間以内に対応するとか、クレームには真摯に向き合い、必ず改善策を提示するとかいった裏付けです。

一般的に企業の強みは、人、物、金、情報などの経営資源を手掛かりに発掘します。先のガス会社のように、価格だけを切り口としたやり方は消耗戦になる恐れがありますので、できるだけ回避します。あくまでも付加価値を差別化要素にする。そのために、自社の強みを再確認することがポイントです。

そして次に大切になるのが、顧客や市場のニーズです。

市場ニーズの把握が大切。当たり前のことを言うようですが、この部分の認識が薄い中小企業の経営者に出会うことが時々あります。

ものづくり系の会社で時に見られるのが、顧客ニーズを考慮しない商品開発です。技術に自信があり、何かをつくるという行為自体が大好きという会社に起こりがちな現象です。内輪で盛り上がり、勢いよく製品を作ったものの、一向に売れません。「製品開発のどこかの段階で、顧客の声を聞いていれば……」と後から悔やむのですが、もう間に合いません。

製造工程の一部を担う会社、特に部品加工などを行っている企業では、自社で加工している部品が一体何に使われているかわかっていないケースもあります。取引先の事情で最終製品の情報が提供されないこともあります。

社長が技術畑出身だったりすると、要求されるスペックに見合う品質を実現するところにフォーカスするあまり、市場を見る視点が欠けがちです。

こういった会社でも、産業構造が固定されているうちは安定した経営をすることができました。与えられた仕事に邁進していれば、仕事はコンスタントに回ってきました。

危機が訪れるのは、環境が変化し始める時です。下請け加工業の例で言えば、ロットの大きい部品は次々に海外の工場へと移転していきます。

圧倒的なコストの差があります。「海外と同じコストでやるなら、仕事は継続して出す」と言われたところで、太刀打ちはできません。

こうした危機的な状況になったときに初めて、自社で新規の顧客を開拓する必要性が生まれてきます。その時に、今まで自社のどんな強みが客先のニーズに合っていたかが分かっていれば、新規開拓の際の手がかりになり得ます。全く同じ市場に進出するのは無理にしても同様のニーズが期待される周辺の市場から当たっていくこともできるはずです。

顧客が自分でも気付いていない欲求を探る

各社横並びの既存市場から一歩抜け出るために、新規の商品やサービスを開発したい。こんな声を聞くことも良くあります。製造業に限らず、サービス業、小売業、農業などからも相談をいただきます。

前にも書いたように同じ業界内での差別化は極めて難しくなっています。顧客アンケートなどをとってみても、満たされない顧客の要望をすくい上げることはほぼ不可能です。そこで顧客自身も意識していない将来のニーズを引き出そうと、新しい方法が試されるようになりました。

商品やサービスそのものについて顧客が感じる不満や課題を引き出すのではありません。商品やサービスを使用する顧客の状況や、それらの使用によって解決したい課題などを広く聞き取り、そこから何が求められているかを推測する方法です。

この方法の基本は「顧客の声をじっくり聴く」です。そして聴き取った内容に共感し、顧客と同じ目線に立ち、同じ経験をしたらどんな風に感じるかをイメージします。顧客さえも気づいていない潜在的なニーズに気づくことができればラッキーです。そこから新しい商品やサービスのコンセプトを立ち上げます。

「貴社の強みは何ですか」との私の問いに「強いて言えば私の聴く力」と答えた社長がいました。

この社長、私の話を「それ、それ、その話が聴きたかったんです」と言わんばかりに乗り出して聞いてくれます。相手の気分を盛り上げる聴き方には、いつも舌を巻きます。思わず、尋ねられたことだけではなく、余分なことまで話してしまいます。

たぶん、顧客に対しても、取引先に対しても、社員に対しても同じような態度で話を聞くのでしょう。この「尋ねられたことだけではなく、余分なことまで話す」の結果、得られた情報が後になって役立つことがあります。

顧客にしても社員にしても、こちらが想定する以上の情報を持っているからです。

1問1答の形式で会話をしていると、聞く側が想定した以上の情報が出てくることはあまりありません。想定の範囲内の回答で終わってしまうと、顧客が潜在的に抱えるニーズにめぐりあう頻度は下がります。

逆に余分なことまで話してくれると、聞く側の想定を超えた情報が出てくることがあります。

傾聴のスキルとは、自分の判断を交えずに相手の言葉にじっと聴き入るスキルです。同時に、相手が自分のことを開示する抵抗を下げ、幅広い情報を引き出すスキルであるとも言えます。

ある意味、天賦の才と思える領域ですが、実は「聴く」能力は誰でもスキルとして身につけられます。そして、そのビジネスにおける効果には絶大なものがあります。新しい商品やサービス開発の武器になり得るのです。

マーケティングで重要なのは理屈よりも人間的な側面

たとえば自動車ディーラーのショールームを想像してみてください。そこには客を待ち構える営業担当者がいます。ここに、車をそろそろ買い換えたいという客が現れたとします。特にメーカーや車種を決めているわけではなく、ディーラーをいくつか回って情報収集をしているような客です。

よい営業は客の話をよく聞きます。なぜ自動車を探しているのか、どんなものが好みなのか、今所有している車にどんな不満があるのか、など。そして相手が話をしやすいように、適度に自己開示、つまり自分についての情報を話します。自分はなぜ自動車の販売をしているのか、休みの日は愛車に乗ってどこに行くか、など。

人は一方的に話を聞きだされると、最初は気持ちよく話していても、あるところから居心地の悪さを感じます。そしてせっかく始まった会話が続かなくなってしまう。

そこに、営業担当者側からの個人的な情報提供があると、一歩会話が深まります。売り手と買い手という、ある意味対峙した関係が、自動車について何らかの共通点を持つ横並びの関係に変わります。客の側に営業担当に対する信頼感が生まれます。

これが客の本音を引き出すのに役立ちます。予算はどのくらいなのか、他に比べている商品はあるのか、いつ頃購入したいのか、など。あるいは商品や店に対する不満も聞き出せます。価格が高すぎる、店が汚い、対応が悪い、など。

こんな調査がありました。過去、営業担当がいちばん成果を出した、つまり売れたときの営業トークをそのまま使って新しい客に営業をした時と、目の前の客の反応を見ながら即興で営業トークを考えて営業をしたときと、どちらが成果を出したかという調査です。

一人目の営業担当は、過去うまくいったときの営業トークをそのまま繰り返して、目の前の人の反応とは関係なく営業を続けました。二人目の営業は目の前の人の反応を見ながら、適宜会話の内容を変え、相手の様子を確認しながら営業をしました。

ご想像通り、二人目の営業担当の方が良い成績を残しました。つまり相手の様子に気を配り、顧客の関心に合わせて営業トークを展開したほうが良い結果を生むのです。

もし貴社が営業担当者の能力育成のために、ロールプレイの練習をやらせているとしたら、学ぶべきポイントを社員に示す必要があります。それは、効果のあるトークを丸暗記することではなく、相手に気持ちよくしゃべらせ、相手の反応を見ながら話す角度を変えるといったスキルを身につけることです。優秀な営業担当者の話す言葉やしゃべり方を学ぶのではなく、顧客に向き合ったときの柔らかな対応や、相手の言葉を引き出す物腰やテクニックを学ぶべきです。

マーケティングとは顧客との対話を通して、顧客の課題や望みを察知し、その解決策を商品・サービスというかたちで提供する行為です。

このとき、見過ごしてはいけないのは、マーケティングの人間的な側面。対話という相互のやりとりを通して、情報を交換するだけでなく、相手に対する信頼感や安心感をも交換しているという事実です。だからこそ、商品・サービスの販売に役立つ情報を入手できます。

優れた営業行為には、相手によって対応を変える柔軟さがついてきます。柔軟に対応できるということは、常に注意力を維持しているということです。

実は、過去のやり方を踏襲して同じことを繰り返す方が楽なのです。この通常のパターンに逆らって、常に目の前の出来事に注意を払い続けるためには、モチベーションを維持できる工夫を日々の業務のなかに盛り込んでおく必要があります。

VUCAと呼ばれる暗闇の歩き方

ＶＵＣＡという言葉をご存知でしょうか。先行きの見通しがつきにくい今の世の中を表現したもので、Ｖ＝不安定さ、Ｕ＝不確実性、Ｃ＝複雑性、Ａ＝曖昧さの４つの意味が込められています。このＶＵＣＡの世では、過去の経験に基づき、その前提に則って作られた将来計画はうまくいかないことが多くなります。なぜなら、過去と同じ環境が繰り返されることはないからです。

コロナ禍に代表されるような未曽有の災厄がいつ襲い掛かってくるかわからないご時世です。しかも地球の裏側で起こったことが、ほとんどタイムラグなく伝わってきて、良くも悪くも私たちに影響を及ぼしています。

顧客の声をよく聴くことは、信頼を培うことを書きました。売り手と買い手の間に信頼を培い、買っていただける環境を作ることは、特に中小の企業では大切です。「この商品を買いたい」ではなく、「あなたから買いたい」となれば、その信頼感が差別化要素となります。

売り手と買い手の関係は、商品・サービスを介して向き合う関係であるだけでなく、時にカウンセラーがクライアントを支えるような関係にもなります。なぜなら買い手は、自分が抱えている何らかの問題を解決するために商品・サービスを購入するからです。だからこそ、売り手はカウンセラーのように、買い手の課題を解決できる情報やスキルで応える必要があります。

わたしはよく「ドリルを買いに来たお客様が本当に欲しいものは何か」という話をします。マーケティングの教科書に出てくる話です。

ドリルを買いに来た客は、なぜドリルを買いに来たのか？

それは、その客が店に来るまでに何をしていたかを想像すればわかります。

たとえば、奥さんに言われて家の壁に新しく棚を取り付けようとしたが、そのための道具が見つからないのかもしれません。壁の材質、棚の大きさを考えると、電動ドリルで壁に穴を開けてネジをねじ込むのが一番良い方法だ。しかし、ネジをねじ込むドリルが見つからない。あるいは壊れていた。それで、買いに来た、と。

この客が本当に欲しいのは、ドリルではなく、壁にあける頃合いの良い穴です。そこに気付けば、店での会話も違ってきます。客との間に交わされるのは、ドリルのスペックの話ではなく、開けたい穴の大きさや壁の材質の話になるでしょう。また仮にドリルが品切れであっても、顧客の課題に見合う代替品を売って顧客のニーズを満たすことができるでしょう。

顧客の真のニーズを見極めることができれば、顧客の満足を呼ぶ最適な提案ができます。それは店や売り手に対する信頼につながり、リピート化を促し、結果として長期的な関係が育成されていきます。そういう視点が大切なのです。

マーケティング活動にSDGsを組み込む意義

ここまで新規の市場を開拓する際のマーケティングの考え方について書いてきました。その基本は自社の強みを知ること、そして顧客の声を聴くことの2つです。

自社の強みは具体的に洗い出すことが大切です。「信頼」とか「安心」とかいった抽象的な言葉でとどまることなく、それらの裏付けとなる具体的な事象まで掘り下げて検討できれば、差別化の中心的な要素として活用できます。

顧客の声を聴くことの意義は、会社や担当者側が持つ先入観を超えて、顧客の潜在ニーズを引き出すきっかけになることです。そこから他社が気づいていない新しいニーズのタネを見つけます。そして新商品やサービス、新事業のコンセプトづくりに役立てます。

これらはいずれも中小企業の支援をしながら私がお伝えしてきたことです。

ここからは、このマーケティングの範疇にSDGsや持続可能経営の視点を加えるとどうなるかを考えていきます。

貴社のマーケティング活動にSDGsや持続可能経営の視点を加える意義として、次の3つを挙げることができます。いずれも中長期的に見込める成果です。

①想定する顧客の範囲を現在の顧客から未来の顧客へと広げることができる。
②市場開拓や新規開発に関わる社員に対して共感性の高いゴール設定ができる。
③既存事業の枠を超えたビジネスモデル構築の可能性が拓ける。

それぞれについて簡単に説明しましょう。

①想定する顧客の範囲を現在の顧客から未来の顧客へと広げることができる。

端的にいえば長期にわたる貴社のファンをつくるということです。１９９０年付近で生まれた世代からこちら、地球環境や社会課題に関心を持つ人たちが増えています。この世代が消費の主役になったときの商品・サービスの選択基準として、ＳＤＧｓ的な考え方が支持される可能性は大いにあり得ます。また貴社のビジョンをともに追求するパートナーが未来の顧客となる可能性もあります。

②市場開拓や新規開発に関わる社員に対して共感性の高いゴール設定ができる。

第１章で会社のビジョン策定にＳＤＧｓを活用することで、多様化する人材の意識をまとめる効果が期待できると書きました。当然、商品開発や市場開拓に関わる人の考え方をまとめる上でも有効です。商品開発にしてもマーケティングにしても、統一されたゴールやビジョンが設定されれば、部門最適に陥ることなく全社視点で取り組める可能性が高まります。

③既存事業の枠を超えたビジネスモデル構築の可能性が拓ける。

ＳＤＧｓに関わる事業の最大の魅力はパートナーシップの考え方がベースにあることです。一社では実現できない大きな課題を、志を同じくする複数の会社が連携して行うことで、他にまねのできないビジネスモデルの構築が可能です。商品・サービスの差別化が難しいなかで、独自性の高いビジネスモデルの構築ができ、競合他社との圧倒的な差をつくりだすことができます。

SDGsのゴールを念頭においた顧客目線のマーケティング

ＳＤＧｓを貴社のマーケティング活動に反映させる意義を、中長期的な視点から３つ説明しました。実のところ、ＳＤＧｓがあろうとなかろうと、顧客が貴社に求めるのは、その商品やサービスを購入して自分の課題が解決するか、自分の状態が改善するかといった視点であることは変わりありません。

そこでＳＤＧｓのゴールのいずれかを貴社の理念やビジョンと紐付けたら、まずは顧客目線でのマーケティング活動を行うのが現実的でしょう。その際に、ＳＤＧｓや社会課題の文脈で検討した貴社の理念やビジョンから外れることのない活動とすることがポイントです。

すでに短期的な視点からＳＤＧｓに関わる事業が進んでいるのであれば、次のステップとして今から3年後以降の事業の準備を始めます。

ＳＤＧｓのゴールはいずれも２０３０年の達成目標です。２０３０年の顧客を想定して今から準備をするのがＳＤＧｓに関わる事業であり、ブランディングなのです。

２０３０年になれば顧客の意識も変わります。地球温暖化やコロナ禍に直面して、消費の仕方にも変化が現れるはずです。一企業の利益を超えて社会全体の課題を見据えた事業展開をする企業には共感が集まるでしょう。しかも、その事業のなかに顧客視点が明確に盛り込まれ、新しい角度から顧客の課題解決がなされていれば、貴社の商品やサービスが選ばれる可能性が一層高まります。

ＳＤＧｓに沿った事業やブランディングは、それを担う社員のモチベーション面にもメリットがあります。詳細は第３章で説明します。

そしてＳＤＧｓの17番目のゴールに謳われる「パートナーシップ」によって協働・共生が促進されます。一社だけでは実現できないスケールの大きなビジネスモデルの構築が視野に入ります。

マーケティング活動のなかにＳＤＧｓの考え方を組み込むことで、貴社の事業展開に新しい局面が生まれてきます。では、すでに取り組みを始めた中小企業ではどんな事業展開をしているでしょうか。２社の事例を見ていきましょう。

顧客ニーズと社会課題を表裏にする思考

食材の小売業C社は、地方都市の郊外に店舗を構えています。弊社とも数年前からお付き合いがあります。社長とパートの女性たち数名で食材の加工と小売りを行い、ネット販売や卸売販売も組み合わせて年々成長しています。長雨やコロナ禍など、ビジネスの支障となる出来事に見舞われても、事業計画を何度も見直して成長を続けています。

C社の成長の秘密、その一つは、社長の情報収集力とコンサルタントの意見を柔軟に取り入れる姿勢、そしてすばやく行動に移す実践力にあると私は感じています。

たとえば、規格外品の食材の活用には、SDGsが登場する以前から取り組んできました。レトルトの加工品など購入しやすく賞味期間の長い商品を開発し、メイン商材の客層とは異なる客層に販売促進をしていました。

その背景にはこんな事情がありました。

メインの商材が比較的高価格帯であるため、長い間、中高年が客層の中心だったのです。高年齢の客層が中心であることは、C社にとってリスクでもありました。このままだと徐々に固定客が減り、事業が先細りになるかもしれません。

世帯主が30才未満の家庭の消費支出額を調べてみると、40才以上の世帯よりも少なく、その中に占める食費の額も少ないという調査結果があります。若い世代は高価格帯の食品にあまり手を出していないのです。事実、C社の店頭を訪れる客も中高年が多く、より若い世代の開拓は課題となっていました。

C社の社長は仮説を立てました。メインの商材とは別に比較的安い価格の加工品があれば、若い世代も固定客にすることができるのではないかと。

そこで白羽の矢が立ったのが、規格外の食材です。今までは規格外として廃棄していた食材を活用し、メインの商材の「入門編」ともいえる品物を用意する。そして若い世代にも買いやすい価格で提供をします。

若い世代もいずれ年齢を重ね、可処分所得も上がるはず。そうなったとき自然に高価格帯の商材に移行してもらうためには、早い時期から店や味に馴染んでもらうことは悪くないやり方です。

若い世代が買えば、その家族である幼い子供たちも食べ、早いうちから味に馴染んでいきます。

規格外の食材を使い、「入門編」としての加工品をつくり、安めの価格でメインの顧客より若干若い顧客層にアプローチする。それは将来の顧客を育てることでもあります。

他方、社会課題を解決するという角度からC社の事業展開を眺めてみます。すると、食べ物のロス低減を通して「飢餓をなくす」ことや、食品加工業として「つくる責任・つかう責任」を果たすといったゴールとも合致することがわかります。

この事例は、マーケティング的な観点から新商品を検討したら、はからずもＳＤＧｓの考え方と結びついたという例です。潜在的には食材の一部を廃棄することに対して、社長が何らかの課題を抱えていたとも思われます。

廃棄にはコストもかかります。何よりも貴重な資源をムダにすることになります。そのことに対して「何とかしたい」と思っていたことは確かでしょう。潜在的なＳＤＧｓ的思考が顧客のニーズに応えるマーケティング思考と結びついた成果と言えます。

この思考法は他の業界でも応用可能です。自社の直近の課題と社会課題を同時に解決するアイデアを見つけ出すことができれば、ＳＤＧｓビジネスの第一歩が踏み出せます。

第１章で、企業にとってのＳＤＧｓの意味は、本業に取り込んで利益を出すことが本筋と再三言いました。マーケティングなど企業業績に貢献する観点と、社会課題を解決するという観点の二つが整合していることは、中小企業が取り組むべきＳＤＧｓの条件です。その両面性を併せ持つことで独自性が生まれ、ブランドとしての価値が現れてきます。

SDGsをボランティアと考えたときの行き詰まり

実際のところ、消費者はどのくらい社会課題の解決に興味を持っているでしょうか。

2020年2月に朝日新聞社が行った調査で、「あなたはSDGsという言葉を聞いたことがありますか」という問に対して「聞いたことがある」が32・9%と過去最高を記録。前回（2019年8月）調査では27・3%、前々回（2019年2月）では18・8%。いまだ3割程度と数字としては少ないものの、急激に認知度を上げていることがわかります。

ただし自分の生活に反映しているかどうかとなると、また別の問題です。

先述のC社社長に現場での顧客の様子を尋ねたところ、「顧客はほぼ社会課題を意識していない」という答えが返ってきました。懇意にしている別の社長に聞いても「消費者は、社会課題を解決するより、価格が安いか、自分が得をするかどうかの方を気にしている」と言っています。

だからこそ、企業がSDGsを語るとき、社会課題だけにフォーカスして、顧客のメリットや利益を無視して考えると、絵空事になりがちなのです。

弊社では、経営者を対象に、SDGsを絡めたブランディングに関わるセミナーを定期的に開催しています。終了後に参加者から感想をいただくのですが、ときどき「理想はわかるが、現実は違う」といったことが書かれています。

なぜ「現実は違う」と言うのでしょうか。その理由を考えてみると、自社の事業に結び付ける思考をしていないのではないかという疑問に行き当たります。

確かに、途上国の貧困の問題や児童労働の話をされても、大方の経営者はピンときません。しかしＳＤＧｓのゴールをよくよく見ていくと、自社の顧客が抱える課題と密接に結びつくものが必ずあります。そこに目を向けないまま、海外の事例や大企業の取り組みだけ見ていても、自社とのつながりは見えてきにくいものです。

ある自動車ディーラーでは、就業時間中に社員を人通りの多い駅前に立たせて、募金活動をさせています。集まったお金は慈善団体に寄付します。

会社の費用を使って社会のためにお金を集める活動ですから、非の打ちどころのない社会貢献です。社員の背中には社名が入っていますので、会社のイメージアップに貢献しているでしょう。会社への社員のロイヤリティを培ううえで一役買っているかもしれません。

確かに良いことですが、業績に貢献する活動かどうかは定かではありません。経営がひっ迫してくれば、コストだけがかかる活動にはストップがかかる可能性があります。

先の「現実は違う」とつぶやく社長は、こうした活動を横目でみてＳＤＧｓと認識しているのかもしれません。自社にとっての直接のメリットが感じられないのです。結果として「理想はわかるが……」という感想が出てくることになります。

先にＳＤＧｓの認知度調査の結果について書きました。認知している割合は調査のたびごとに増えています。今後もますます増えていくでしょう。そして、ＳＤＧｓをブランド広報の中軸に置く企業も大企業から中小企業へと広がっています。地方自治体の活動に参加し、地方創生に貢献する企業も増えています。ＳＤＧｓを事業に直結したブランディング活動の一環として取り組むメリットは日ごとに大きくなっていると言えるのです。

日本の森を守る住宅メーカーR社の場合

R社は、設立したばかりの住宅メーカーです。R社のA社長とはR社を設立する以前からの知り合いで、しばらく音信不通だったのですが、会社設立のタイミングでまたお会いすることになりました。

A社長、前職では別の住宅メーカーの要職を務めており、その発想力と人を惹きつける力で前職の住宅メーカーを地域ナンバー１に育て上げていました。前職を辞して自分の会社を立ち上げてからも、営業の最前線に立って続々と契約を締結していました。

再会したときに私はいつもの質問をしました。

「貴社の独自性は何ですか？　他の住宅メーカーとはここが違うと言えるところを教えてください。」

A社長は、家の断熱性やデザイン性など幾つかの特徴を挙げてくれました。

私は重ねて聞きました。「それは他の住宅メーカーではやっていないことなのですか？」

A社長、すこし戸惑いました。どこの業界もそうですが、中小の企業が自社の商品やサービスに、他社との圧倒的な差をつけるということは難しくなっているのです。

画期的な商品を開発し、他に模倣されないように特許で守っているようなケースは別ですが、住宅メーカーであれば、どこも大体同じような特徴を挙げます。その会社だけが独占的にやっている商品やサービスを挙げるのは非常に難しい。

言い換えれば、提供する商品やサービスの性能や品質だけで差別化することは難しくなっているということです。

だからこそ、そこに顧客の共感を呼ぶブランドストーリーを付加することに意味があります。そのストーリーの構成要素として社会課題の解決というSDGsのエッセンスを付与することで、さらに層の厚い無形の差別化要素を作ります。そして、そこに顧客自身も巻き込むような仕掛けを作ることができます。

会社が提供する商品・サービスが顧客の課題を解決することは最低限必要な条件です。誰もがうらやむような素敵な外観、年間通して温度も湿度も快適にコントロールされる室内環境、高齢者も安心して暮らせるバリアフリー仕様、子供が孤立しない間取り……。これらは家を建てることによって実現する顧客の願望です。

SDGsはそこにもう一つの価値を加えます。たとえば、廃材を利用した家具、国産材の活用と山の再生。新しい家を建てる記念の品物を授産所に発注して作ってもらうということもできるかもしれません。

いずれもSDGsのゴールに紐付けられる活動です。家を建てることが社会課題の解決につながると明示できれば、それが、会社のブランドの一部となります。

その話を聞いてR社のA社長は、さっそく検討を始めました。関連するSDGsのゴールとして「住み続けられるまちづくりを」「つくる責任・つかう責任」を選びました。

住宅メーカーと関係の深い木材メーカーや山主と会話を始め、森を守る活動にも参加し始めました。家を建てるという顧客の行為が地球を守る活動に自然につながるようなビジネスモデルを検討し始めました。これからの時代を担う子供たちが、森に興味を持つようにと、定期的に植林イベントを開催する企画も考え始めました。現在の顧客を満足させるだけでなく、将来の顧客を育成する取り組みを始めました。

そしてこれらの活動によって、同業他社とは一線を画するポジションを獲得しようと動き始めたのです。

SDGsネイティブの次世代が社会に出てくる前に

小学校の学習指導要領に「持続可能な社会の創り手となる」という言葉が掲載されるようになりました。ＳＤＧｓという表現こそありませんが、これからの世代にとって「持続可能性」はすべての活動の基本となることが予想されます。

ＳＤＧｓの12番目のゴール「つくる責任・つかう責任」は、前半で商品・サービスを提供する企業側の責任を言い、後半で商品を選ぶ側の消費者の責任を表しています。

お金を払って商品やサービスを購入するという行為は、客が自身のニーズを満たすもの、そう考えるのが一般的です。ところが「つかう責任」を言い始めると、同じ購入するという行為が、商品・サービスを提供する企業を選別するというニュアンスを持ち始めます。

消費者は企業の活動が、環境や社会への影響に照らして正しいかどうかを審査します。そして、正しいと判断すれば、お金を払って購入する。正しくないと判断すれば、購入しない、あるいは、他の正しい活動をしている企業を選択します。

言い換えれば、企業活動が持続可能性に照らして正しければ、賛成票を投じ、正しくなければ、反対票を投じる。それによって、企業の存続を決めるとも言えます。

この考え方はすでに世の中に現れ始めています。一例がＥＳＧ投資への注目です。

ＥＳＧは環境、社会、企業統治の頭文字です。環境や社会に配慮し、企業統治が行き届いた企業が顧客を引き寄せ、利益を上げ、成長発展するはず。そういった期待のもと、投資家のお金が集まっています。その波は機関投資家から個人投資家へ広がっています。

持続可能性に配慮した企業に資金が集まり、顧客も集まってくる。それがすでに始まっている未来だとしたら、その流れに乗り遅れることは中小企業にとってもリスクとなります。

難しいのは、ただ単に社会的な視点から見て正しい行為、正しい商品・サービスであれば消費者に買ってもらえるかというと、決してそうではないという点です。

ここ10年あまり、家を新築するときに、ソーラーパネルを屋根に載せ、自家発電を始める家庭が多くありました。一見、地球環境に配慮した人が増えたかに見えました。しかし、現実的には、ソーラーパネル設置にあたって費用補助があったのに加え、売電で家計が潤うという現実的なメリットに多くの人が惹きつけられたのです。

地球環境に優しく、温室効果ガスの排出削減に貢献するという理由だけでは、あれほど多くのソーラーパネルが家々の屋根を覆うことはなかったでしょう。社会課題の解決というお題目だけでは、商品・サービスの販売に弾みはつかない。やはりそこには、商品・サービスを購入する顧客の利益や喜びが必要なのです。この章の前半で説明したマーケティング思考が大切です。この思考を前提としたＳＤＧｓの取り組みを検討したいのです。

守破離で考える中小企業がSDGsを導入する方法

では、具体的に中小企業がSDGsに関わるビジネスを立ち上げ、ブランディングをしていこうというときにはどうすればよいのでしょうか。この章の最後にそのステップを紹介します。

剣道や華道などのおよそ「道」のつく習い事には、習得までのプロセスが用意されています。それを端的に表したのが「守破離」という言葉です。

「守」は、師の教えを聞き、それを忠実に守ってその道に入っていくプロセスです。

「破」は、師の教え以外の場所にも出向き、自分なりに新しい情報を取り入れていくプロセスです。

「離」は、師の教えから離れ、自分独自の道を歩み出すプロセスです。

SDGsの考え方を中小企業が取り入れる際にも、この3つのプロセスに沿って計画から実行へと移っていくことをお薦めしています。

まず「守」です。

ここではSDGsの主張を聞き、現状の会社の資産をSDGsの観点に照らして洗い出します。

日本の企業は欧米の企業と異なり、もともと「三方よし」の理念を持っているケースが多い。「三方よし」とは、売り手よし、買い手よしに加えて世間よしを謳う考え方です。改めてＳＤＧｓという言葉を出すまでもなく、地域社会に貢献する活動をしていることが多々あります。

災害があれば社員を現地ボランティアとして有給で派遣する会社もあります。観光地に近いところに社屋を構えているので、近隣の清掃や整備を買って出る会社もあります。

印刷会社であればすでに森林認証をとった用紙を使っていたり、環境に優しいインクを使ったりもしているかもしれません。食品加工の際に出てくる残滓を肥料や飼料に加工している会社もあるでしょう。

こういったすでにやっている活動をＳＤＧｓの17のゴールと紐付けてみることをまずはやってみます。

今はやっていないけれど、やりたいと思っていたことなども出てくるかもしれません。そういったものも、後々使える情報になるかもしれません。

「守」の段階でもう一つやっていただきたいことがあります。それは、経営理念やビジョンの振り返りです。多くの会社は経営理念や社是・社訓といったものを明文化しているでしょう。その意図するところをもう一度確認してください。

経営理念やビジョンはあるけれども社員の誰も深くは意識していない。そんな会社もあるかもしれません。形骸化しているようなら、もう一度、内容や文言を考え直してみる手もあります。そして、それらが社員の想いと重なり合っているかどうかを確認していただきたいのです。

理念もビジョンも、言葉として書かれたものは、時間がたつほどに「風景」になってしまうことがあります。額に入れて飾られたり、社員手帳に記載されたりして、見慣れたものになると、多くの人はその意味を深く考えることをやめてしまいます。

もしそうなっているとしたら、もう一度、その理念に立ち返ってみることが必要です。これによって、「破」の段階で描くべき未来の姿が変わってきます。

理想の姿を思い浮かべ、道筋を描く

「守」で現状の活動と想いの整理をしました。次に「破」では、現状から思い切り離れた理想の姿を描きます。ＳＤＧｓは２０３０年の社会の姿を描いていますので、２０３０年の貴社の姿を描くというイメージです。

地域社会や業界のなかでどんな存在になっていたいか、どんな評価を得ていたいか、社員はどんなやりがいを得ているかなど。時間を飛び越え、すでに未来にいるかのように描いてみます。

このときに大切になるのが、「守」で確認した理念、想いです。未来の姿は、理念や想いを踏まえて描いていく必要があります。理念や想いが、未来の姿に信ぴょう性を与えます。逆に言えば、未来の姿と理念や想いに一貫性があれば、その方向に自然と向かっていきます。

すでにビジョンが明文化されているようならＳＤＧｓのゴールと照らして調整をしてください。既存のビジョンが社会課題を考慮していないようなら、ＳＤＧｓのゴールのいずれかの要素を付け加える方法でアレンジをしても結構です。

余談ですが、人間の脳は現在と過去の区別がつかないと言います。未来の姿がイキイキと描かれると、もうすでにそこにいるような気分になっているのです。そうなったらチャンスです。その状態へと向かうモチベーションが高まっていきます。

未来の理想の姿を描いたら、次は、そこに至る道筋を具体的な計画として検討します。イメージを具体策に落とし込んでいきます。

ここではブレーンストーミングなどの手法によって、自由な発想が出てくるようにします。過去の成功体験や失敗の記憶にとらわれることなく、新しく未来を創造できるように仕向けます。

検討の結果できあがった計画は、ビジョンや理念と整合しているかどうかだけ確認してください。計画自体が正しいか正しくないかは、やってみなければわかりません。むしろ、社員全員が取り組みたいと思うかどうか、意欲が沸く計画かどうかが、より重要です。具体的に動き始めれば、軌道修正が必要かどうかもわかってきます。

そして「離」です。「離」の段階では、「破」で描いた具体策を実践していきます。実践すれば周囲からのフィードバックがあります。商品やサービスとしてテスト販売をすれば、顧客の反応が得られます。事業プランを発表する場があれば、パートナーの候補が現れる可能性もあります。

実践することによって事業計画が磨かれ、より顧客に喜ばれる、また社会に受け入れられるものになっていきます。

以上３つのステップを経て、社会課題を取り込んだ貴社の新規事業が生まれます。それは貴社の客層を拡大し、ブランド価値を上げるという意味から意義深い活動になるはずです。

ブランド価値を上げるという意味では、社員に対する好影響も期待することができます。それはＳＤＧｓの８番目のゴールである「働きがいも経済成長も」への貢献です。次章で詳しく見ていきます。

第3章

「働きがいも経済成長も」を実現する組織づくりの考え方

会社の業績と社員の幸福感を両立させるためには

ＳＤＧｓの８番目のゴールには「働きがいも経済成長も」が掲げられています。

私がＳＤＧｓに深くかかわるようになったのは、この８番目のゴールが私自身のコンサルティングの目的と重なっていたからです。

会社の業績と働く人の幸せはどうすれば両立できるか。

中小企業で長年働いたのち、コンサルタントとして独立して自分の会社を設立してからもずっと追求してきたテーマです。

経営資源が潤沢ではない中小企業にとって、利益を出すことは当然ながら最優先課題です。したがって、社員の働きがいや幸福感といったものは後手に回りがちでした。利益が出なければ、いくらキレイゴトを言っても意味がない。この考えは根強く、そういうものだと大方の人が納得していました。

ハラスメントという言葉も存在していなかった時代は、乱暴な言葉、いやがらせ、権威のパワーを使ったいじめなどは当たり前にありました。ハラスメントという言葉が市民権を得た今でも、いまだ水面下で同じようなことが繰り返されているのを見ると、人間の精神性のようなものは簡単には変わらないことを感じます。

世の中に人手不足感が広まると、待遇や給与だけでなく、居心地の良い環境や、仕事のやりがいを人材採用の際のアピール材料にする会社が増えてきました。

特に新卒採用の場合、中小企業の苦労は並大抵ではありませんでした。大方の学生は大手企業しか知らない。それも消費者が手にする食品や自動車メーカー、あるいはテレビコマーシャルやネットで目にする有名なＩＴ企業や家電メーカーなどしか知りません。

中小企業、なかでもＢ to Ｂの事業を展開している企業は、いくら業界でユニークなポジションを獲得していても、学生にはほとんど知られていません。当然、学生が入社を検討する企業の候補に入ることができず、技術力や独自のサービス体制を一生懸命アピールしても、相手に知識がないため、ほとんど響きません。

そこで学生への訴求ポイントとなったのが、仕事しやすい環境、やりがいを感じられる仕事内容、上司や仲間との良好な関係といった会社の側面です。良い人材を採用するという観点からもう一度、社員の待遇や組織の在り方を見直した会社もありました。

学生側も業界知識が豊富にあるわけではありませんので、むしろ自分に直接関わる職場環境や人間関係などに関心が向きました。この会社に入社して自分の能力を発揮できそうか、気持ちよく働けそうかといった疑問への答えは、会社選びの重要な手掛かりとなりました。

人材採用ばかりでなく、優れた社員の離職を防ぐ観点からも、待遇改善ややりがいのある仕事内容などが求められるようになりました。終身雇用制度が定着していた時代とは異なり、社員は転職の自由を手にして、待遇改善や仕事内容の改善を暗に企業に要求できるようになりました。

中小企業にとって優先順位の高い課題は利益の確保です。そして成長です。その点では以前と変わりはありません。と同時に、良い人材を確保し、自社で働き続けてもらうために、社員の「働きがい」も併せて実現する必要が出てきたのです。

「働き方改革」の矛盾を超えて

働く環境をめぐっては「働き方改革」という言葉も重要な意味合いも持ちました。先進諸国と比べて圧倒的に長い日本の労働時間を短くし、家族と一緒にいる時間、趣味やスポーツを楽しむ時間を増やそう、メンタルを健全に保とうという呼びかけが盛んにされるようになりました。人口減少を背景に多様な人が働ける環境をつくろうといったメッセージも含まれていました。

日本の労働生産性の低さは、先進諸国の中でも際立っています。労働生産性は付加価値を労働時間で除して計算します。分母が労働時間、分子が付加価値です。したがって労働生産性を上げようと思ったら、付加価値つまり利益を上げるか、労働時間を削るかの議論になります。

働き方改革の文脈ではまず、労働時間を削る、つまり、残業削減が重要テーマとなりました。

ところが多くの中小企業は、自社の都合で納期や仕事のペースをコントロールできません。客先から仕事が来れば、多少無理をしてでも、期日通りに納品することが優先されます。定時間際で顧客からクレームが来れば、残業してでも対応しなければなりません。

にもかかわらず、当初の「働き方改革」の多くは、残業カットに終始しました。業務の見直しをしないで、定時で帰るということを強いられた社員は、終わらない仕事を家に持ち帰ったり、土日に無給で出勤したりして時間の不足を補いました。

あるいは残業代を支払う必要のない管理者に残りの仕事が委ねられ、板ばさみになった管理者が働き方改革の矛盾を吸収することになってしまいました。

本来やるべきは、利益に貢献しない残業や無駄な会議をやめ、顧客満足や利益創出に貢献する仕事だけに集中することです。その結果、業務の生産性を上げ、利益を増やし、社員の待遇を改善していくというシナリオを目指すべきでした。

他方、強い意志をもった社長が断固として決断し、残業をゼロにしたという会社もあります。社員全員で無駄な業務を洗い出し、優先順位をつけて、やめるべきはやめ、残すものは残すということを徹底しました。その結果、単位時間あたりの生産性は向上し、社員の余裕も出てきました。

近年、社員の幸福感が業績に与える影響についての研究が注目されています。

「幸福な社員は生産性が3割、創造性が3倍になる」というアメリカでの研究成果をときおり目にするようになりました。業務のやり方を変えたり、新しい設備を導入したりするのと同様に、社員がやりがいや幸福感を感じるような環境を整備することが、業績向上への好影響を及ぼすということが分かってきました。

私も大いに共感します。そして、これがＳＤＧｓの８番目にある「働きがいも経済成長も」というゴールと重なることを感じています。

先に、労働生産性は付加価値を労働時間で除して計算する、分母が労働時間、分子が付加価値と書きました。生産性を上げる一つ目の方法は分母を削る、すなわち労働時間の削減でした。もう一つの方法は、分子を増やす、つまり付加価値の向上を図るということになります。この部分に対して、社員の働きがいや幸福感を増大させる施策が貢献するという仮説を立てることができます。

業績アップと社員の働きがい、この２つを同時に実現するには、どうすればよいのでしょうか。

待遇で社員を永遠に満足させることはできない

会社の業績と社員の幸福感、私はこの2つを同時に実現できる方法を探してきました。他人を不幸にしたい人は、そうそういません。経営者として何らかの事業を打ち立て、社会に影響を及ぼしていこうとするならば、そこで働く人にも相応のやりがいや生きがいを提供したいと思うはずです。

ところがそれが簡単には実現できませんでした。理由の一つは、会社の業績と社員の幸福の因果関係がわからなかったからです。また仮に因果関係がわかったとしても、この両者を同時に実現する方法が見つからなかったからです。

経営者は会社を存続させる必要がある。だから利益や顧客満足を最優先で考えます。では、社員が幸福であったり、働きがいを感じたりすることが、利益や顧客満足にどういう風に貢献するのでしょうか。

従来の考え方は、利益が出るから社員の待遇が改善され、その結果、社員は幸せを感じるというものでした。物質的な豊かさ、つまり給料がよかったり待遇がよかったりすると社員は幸福になる、働きがいを感じると信じられていました。

経済が永遠に成長し続ければ、会社の業績も年々上がり、それに従って社員の待遇も継続的に改善していけるはずです。ところが、どう考えても業績が永遠に成長し続けるということはあり得ません。仮に成長していたにしても、高度経済成長期のような年率2ケタの伸びなどは望めません。

SDGs的な観点から言えば、世界はいま1年間で地球2・8個分の資源を費やして経済活動を行っていると言います。無理な財政出動で経済を刺激し続けても、地球が持たないという現実があります。

永遠の経済成長が望めない、であれば、物質的な豊かさの提供によって社員の満足を図っていく方法はいずれ限界を迎えることになります。

他方、昇給昇格や待遇が改善された結果、確かに社員は幸せを感じる。しかし幸せを感じる期間は、思うほど長くないとも言われています。給料の額が上がったということに対して社員は一時的に喜ぶものの、その喜びは長くは続かない。しばらく時間がたつと、その状況にも慣れて「もっともっと」と望むようになるというのです。

こうしたことが真実であれば、社員の幸福感に対して、別の、もっと長期的な効果が見込める方法でアプローチをすべきであることがわかります。

それが、働きがいとか、生きがいとか、社員個々の内的動機に基づく欲求を満たすことなのです。

社員の内的欲求を満たすということが、会社の業績向上を促す活動や行動につながれば、「働きがいも経済成長も」という両立が可能となります。業績向上によって利益の確保が継続できれば、社員に対して経済的な豊かさをも提供できます。

私が提唱するＥＳ‐ＣＳチェーンの狙いはここにあります。

ＥＳ‐ＣＳチェーンとはＥＳ（社員満足）とＣＳ（顧客満足）を連携する考え方です。まず社員の満足感を高め、仕事に取り組む意欲を引き出し、顧客満足を高める原動力にします。

ＥＳ‐ＣＳチェーンの詳細はこの章の後半で説明します。

なぜ社員は働きがいを失ってしまったのか

社員に働きがいや幸福感をもたらす要因は何でしょうか。

まず、社員が働きがいを失う要因を事例から見てみましょう。

B社は地方の下請け製造業です。長い期間、取引先企業と安定的な関係を築いてきました。ところが、製造業の海外移転の流れやリーマンショックなどを経て、強みを活かせない時期が続いていました。

そんな時、B社の社長と私はこんな会話を交わしています。

口火を切ったのは私です。

「社長が、今最も重視していることは何なのですか」

業績が思わしくないので、社長の関心は、この窮地を脱するための新しい戦略に向かっていました。

「これまでとは異なる事業を始めようと思っている。本業の強みを活かした事業を新しい市場に向けてやっていきたい」と社長。

「具体的な計画がおありですか？」と私。

「ある。今までは新規事業担当の部署に任せていたが、今回は、社内からやる気のある有志を募ってプロジェクト形式でやるつもりだ」

「良い人は集まってきていますか？」

「それが、まったく手が上がらないのだ。当社には『独自の発想で社会に貢献する』という素晴らしい経営理念があるのに、その理念どおりに働く社員が一人もいない」と再び社長。

「どうしてなのでしょうか？」

「長い期間、親会社に依存してきた。上の言うとおりにやれば食うに困らないという時期が続いた。だから、新しく自分で何かをやるという声が上がらない。悪い習慣に慣れてしまった」と社長の嘆きが続きました。

同じ会社で社員数名にも聞いてみました。

私の質問は、

「社長が新しいプロジェクトを始めていますが、参加したいと手を上げる人が少ないようです。なぜだと思いますか？」

一人が答えました。

「私はこの会社の業績が芳しくないのを何とかしたいと思っている。だからプロジェクトにも手を上げたいと思っていた。ところが、同僚の一人が『どうせやってもダメだ』と言う。それで気持ちが削がれてしまった」

「なぜ、ダメだというのでしょうか？」

別の一人が答えました。

「今までも業績を回復させようと新しい事業をいくつかやってきたのです。でもことごとく途中で打ち切りです。過去の新規事業のメンバーの中には、事業の終了とともに会社を辞める人もいました」

つまり、たくさんの失敗事例を見てきたので、今度も絶対うまくいかないだろうという雰囲気が蔓延していたのです。

失敗経験を重ねると、大方の人は二度とチャレンジしようと思わないようになります。しかも、上から言われたことだけを素直にやり、業務と仕事の安定を得てきた過去が、会社にも社員にもあります。

リスクをとって新規事業プロジェクトのメンバーにならなくても、仕事は保証されるのです。生活も揺らがないのです。

ネガティブ社員を生み出すもう一つの理由

B社では社長も社員も危機感を共有していました。「業績は悪い、だから何とかしなければいけない」という想いは双方持っていたのです。ところが、特に社員の側に顕著に見られたのは、「自分ではない、誰かがその役割を担うべきだ」という考えです。

なぜ、このような考えに至ってしまったのでしょうか。

その背景には組織の構造問題ともいうべきものがありました。

学校を卒業し、就職活動を経て入社する社員の多くは、期待と不安のなかで会社生活を始めます。就職活動中に企業からビジョンや働きがいなどのポジティブな情報をたくさんインプットされ、不安と期待を胸に初めての社会人生活に乗り出します。

会社には当然ながらルールがあります。そのルールは本来、組織で行う「協働作業」を成立させるためにあります。つまり、個々の人が自分の役割の中で能力を発揮し、人数分の能力の合計以上の成果を発揮するためにルールがあります。

ここで気を付けなければならないのは、会社のルールはある条件のもとで最適化されているということです。言い換えれば、社会背景や経済のトレンドが変化したら、ルール自体もアップデートする必要があるということです。

ところが、経営をめぐる環境が大きく変わっても、昔ながらのルールを粛々と守っている会社があります。

ルールは会社を構成する人の思考のパターンに深くしみ込んでいます。ルールブックやマニュアルの文言を変更して表面的な更新はできますが、それを運用する人の考え方は簡単には変わりません。

残業を良しとする社風が簡単には変わらなかったのも、女性に男性と同等の仕事や発言権がなかなか与えられないのも、身体に深くしみ込んだ思考のパターンが根強く残っているからです。

「ジェンダー平等を実現したほうがいいのは、よくわかっているよ。でもね、そうは言ってもね」という反応が返ってきます。「理想と現実は違うのだ」という暗黙のメッセージが浸透していきます。

思考のパターンが根強く残る理由

身体に深くしみ込んだ思考のパターンは、なぜ根強く残るのでしょうか。

その理由は、多くの人が、自分がそういう思考のパターンの持ち主であることを自覚していないからです。自覚していないから、更新可能な対象としてみることができず、結果として変えられないということになります。

B社の場合も、親会社の指示を忠実に守って、自らの領分で事業をしていれば、仕事は尽きることなく入ってきました。

会社の中でも、上から下に業務命令が流れるのが当たり前。時に下から上へと提案が上げられたとしても、「前例がないから」とか「過去に同じことをやって失敗した」といった理由であえなく却下されました。

シャーレの中のノミの話をご存知でしょうか。

体長1ミリほどのノミは放っておけば1メートル以上もジャンプするといいます。そのノミをシャーレの中に入れて蓋をしておく。一日たって蓋を開けると、ノミは二度とジャンプしようとしなくなるというたとえ話です。

シャーレに入れられ何度もジャンプを試み、蓋にはばまれて飛べないことを経験すると、再度飛ぶという意欲が削がれてしまう。同じことが、会社の中の社員にも起こります。良かれと思って思い切って口に出した意見があえなく否定されると、二度と口にしなくなります。経営環境が変化し、従来と同じ発想ではやっていけなくなったから新たなアイデアを出してくれと頼んでも、社員からは新しい意見が出なくなります。

ある会社の女性社員が嘆いていました。

「最近、新規のサービスをつくろうという会議が多くなった。上司は今までにない斬新なアイデアを出せという。でも、今まで私たちは言われたことをやるだけで、新しい発想など求められたことがなかった。だから急に、新しいアイデアを出せと言われても、何も出てこない」と。

あるいは会議を開いたものの、出てくる意見は当たり障りのないものばかりだった、という経験はないでしょうか。

地方創生を目指して多様な人を集め意見を出し合う「町おこし」や「村おこし」の会議で、前例にとらわれない画期的なアイデアを出すのは「若者、ばか者、よそ者」だと言われます。

会社の中でいえば、若手社員、空気を読まない社員、転職してきたばかりの社員などでしょうか。こういう人たちは会社の過去の文脈にとらわれずに発想し、意見を言います。

その発言は時に、社長や会社に長くいる社員をいら立たせます。そして「それは前にもやったけど、ダメだった。何も知らない者が偉そうなことを言うな」という反応を引き出してしまうのです。

もちろん新参者のアイデアのすべてが素晴らしいものばかりであるはずがありません。なかには愚にもつかないアイデアがあったり、どう考えても無理なものも混じっていたりします。

大部分がそうかもしれません。しかし１００に１つの良いアイデアを見つけ出すためには、残りの99を許容する必要があります。

何か新しいこと、突拍子もないこと、根拠のないひらめきを口にすると、頭ごなしに否定されるという環境では、当たり障りのない意見しか出てこないのは当然なのです。

経営環境の変化に合わせた組織のアップデート

人の心に深く根付いてしまった思考と行動パターンを変えるのは簡単ではありません。過去には「仕事は上司の指示のままにやり、異論をはさまない」のが、業績に貢献する最良の方法であったかもしれません。

しかし、環境が変われば、やり方も変わります。

ＳＤＧｓは未来志向のツールであることを前に述べました。

その第一のメリットは、今までのやり方にこだわる必要がない点です。２０３０年のあるべき姿を想定し、そこに至るために今なすべきことを検討するわけですから、発想は自由です。過去の実績を踏まえる必要もありません。現在の社員数や技術力といった会社の能力を制約条件とする必要もありません。

未来のゴールに到達するために、必要な資源はこれから調達すると考えればよいのです。過去の実績がなくても、これから実績をつくると考えればよいのです。

逆に言えば、こうした自由な発想、過去には否定されたような考え方を許容しなければ、未来のニーズをとらえた事業によって利益を生み出すことはかなり難しくなります。

ベンチャー企業で若い人がイキイキと働く姿を目にしたことのある方もおられるでしょう。

ベンチャー企業では世界初の事業を、短い期間に死に物狂いで作り上げます。全く新しいニーズを誰よりも早く発掘して、その実現にあらゆる手を尽くします。さもなければ、資金尽きて市場から退出を強いられるからです。

社長だけでなくメンバー全員が全く新しいことに取り組みます。前例がどうとか、序列がこうとか、言っている時間はありません。そこでは、事業の成功に貢献する思考や行動だけが、「正しい」ことです。既存のやり方を守る必要は全くありません。むしろ従来にない発想や創造力を駆使して、革新的な事業の創出が求められます。革新的な事業の創出が強烈なゴール設定となって、メンバー全員の求心力を生み出します。

SDGsに紐づく事業にも同じような求心力を期待することができます。

その求心力の中心は、社会課題の解決に貢献するという目的です。特に1981年から96年生まれのミレニアル世代や、それ以降に生まれたZ世代の若者は、社会課題に対する関心が高いと言われています。SNSで世界の情報にアクセスし、上の世代よりも広い視野で地球の未来を心配しています。

そう考えるとSDGsに関わる事業は、貴社の社員にとっても同様の効果が期待できるのではないでしょうか。お客様に対して最善の商品・サービスを提供しながら、他の誰かの役に立っている、あるいは社会課題の解決に関わっているという事実を誇らしく感じる人は多いはずです。

仕事に対する社員のとらえ方はさまざまです。

マズローの欲求５段階説にならえば、仕事に対する動機は、「食うに困らないように稼ぎたい」から「会社、組織に所属していたい」「自分の能力を他人に認めてほしい」「仕事で自分の夢を実現したい」までの階層があります。

マズローは晩年になって最上位の「自己実現欲求」の上に「自己超越欲求」があるとしました。「自己超越」とは、「他者や自己を超えた存在に向けて奉仕すること」と説明されています。

地球や人類の未来のために手を尽くすＳＤＧｓの事業は、まさに「自己超越欲求」に応える活動と言えます。だからこそ、貴社の社員にとっても、従来の仕事の枠を超えた魅力を発するものとして映るはずです。

業績に悪影響を及ぼす「他責」の念

さまざまな中小企業を訪問して驚くことの一つに、自社の商品やサービスに全く関心を持っていない社員がいるということです。それは、法務や人事といった特定分野の専門職社員であったり、製造業の現場で働く従業員だったりします。

専門職社員が自社の商品・サービスよりも、専門分野の知識・情報の方に関心があるのは当然かもしれません。製造業の現場で働く従業員は、商品・サービスよりも自分がどのくらい稼げるかの方に興味があるかもしれません。

それはそれである意味当然のことなのですが、会社の仕事が自分ごとなっていない点に一抹の不安が残ります。それは、先に挙げた製造業B社で、社長も社員全員も課題意識を共有しながら、それを解決するのは「自分」ではなく、「自分以外の誰か」と考えていたことと共通しています。

まさに「他責」の念に通じるからです。

「他責」の念が蔓延する組織では、必要を感じても、自分の仕事の範囲を超えて動こうとはしません。

たとえば、経理担当者の目の前で顧客が困っていても、顧客に対応すべきは営業担当者であって自分の仕事ではないと判断します。困っている顧客に対して「何かお困りですか」とか「お手伝いすることはありますか」とかいった当たり前の言葉をかけることもしません。その仕事をやる責任は自分ではなく他人にあるという見方をするからです。

さらに悪い場合は、自分の仕事の範囲を超えて自発的に動こうとする社員に、上司や周囲がストップをかけるケースさえあります。

ある中小企業では女性の課長Rさんが上司である男性のS部長と、よく揉めていました。面倒見の良い女性リーダーのもとには社内からいろいろな情報が集まります。その日も顧客との些細なトラブルの情報がR課長の耳に入りました。さっそくS部長に「何とかしなければいけないのでは」と進言します。

社歴が長く、会社の経理も見てきて、会社に対するロイヤリティの高いR課長。彼女の視点でみると、社内で発生したトラブルは何らかの危険の前兆に映ります。同じトラブルが再び起こらないように、何か手を打つべきだと考えます。

ただR課長は、経理の担当で、顧客とのトラブル云々は自分の仕事の範囲ではありません。

R課長の進言を受けたS部長、聞き終わるやいなや「君がそこに口を出すのは、越権行為だ。そんなことを言っている間に、自分の仕事をやりなさい」と一蹴したのです。

数年前に他社から転職してきたS部長には、R課長の進言が疎ましく映ったのかもしれません。転職前の会社では、役割を厳密に分け、自分の担当以外の仕事をすることはご法度だったのかもしれません。

その真偽はさておき、こういう考え方が社内の標準になると、他の社員が困っていても進んで助けを買って出る社員はいなくなります。むしろ、役割を超えた手助けは「良くないこと」という認識が刷り込まれます。朱に交われば赤くなるではありませんが、こうした考え方は会社の中の暗黙の了解として浸透していきます。

役割と役割の間に落ちる仕事をどうするか

役割を厳密に分け、その通りにやっていれば仕事が回るという予測可能な時代であれば、決められた仕事を粛々と繰り返していればよかったのです。ところが現在は、環境がどんどん変わっていきます。取り扱う商品やサービスも次々に変わります。顧客の多様化も進みます。業務のやり方もどんどん変わります。

ひとたび決めた役割分担からこぼれ落ちる仕事が出てきます。役割と役割の間に落ちた仕事は誰かが拾わなければいけません。誰もが拾うことを躊躇しているうちに、業務に穴が開くかもしれません。せっかくのビジネスチャンスを失うことにもなりかねません。

先のR課長とS部長とのやりとりから、組織を現状に合わせて更新するヒントを見つけることができます。

まず、会社をとりまく環境が以前とは比べ物にならないほど早く変化していることを意識します。そして過去とは比べ物にならないほど多数の新しい仕事が発生していることを理解する必要があります。

こういう環境下で、過去に機能していた役割分担を生真面目に続けていると、致命的な取りこぼしが発生してしまう恐れがあります。先の例で言えば、R課長の担当外のトラブルであっても、S部長はその言葉に耳を傾け、理解を示し、どう対処すべきかR課長の意見を聞くこともできたでしょう。

貴社でも、役割と役割の間に落ちてしまった仕事を誰も拾わず、結果として業務に支障が生じたといった経験はないでしょうか。

たとえば競合他社が拡販のためにSNSを使った情報発信を強化し始めたとします。他社に負けまいと貴社でも始めたいと考えます。しかし、もともとITや広報の専門部隊がいるわけでもなく、専任の社員を雇うほどのコストもかけられないとしたら、誰が担当するか？

拡販が目的であれば営業担当がやればいいという話になりがちですが、営業担当者がIT音痴でSNSなど触ったこともないとしたらどうなるでしょうか。

いったんは営業担当者が引き受けるかもしれません。しかし、そもそもスキルもなく、やる意義も理解していないので、「やるよやるよ」と言う言葉はでてくるものの、一向に始まりません。そのうち社長も社員も、そんな話があったことも忘れて、うやむやになってしまう……。

こういう時に、まったく関係ない部門から「自分はSNSでの情報発信が得意なので、営業が慣れるまで担当してあげる」と言ってきたら、大いに助かりませんか。「営業部門でやるのは無理なので、ＳＮＳで情報発信するチームを社内でつくったらどうか」といった意見が出てくると頼もしいと思いませんか。

こういう申し出が自然に社員から出てくるようになるためには、いくつかの仕掛けが必要です。その一つは、仕事の役割を固定しないということです。さらには、言いやすい雰囲気をつくるということです。

もちろん、営業、経理、製造など基本的な役割分担はあります。そのうえで日々発生するすきまの仕事は、それに気づいた人や、得意な人が引き受けられるように会社の空気を変えていくことが大切なのです。

「働きがいも経済成長も」を促すES-CSチェーン

ＳＤＧｓに紐づく事業は、社会課題を解決するという意味で、競合他社との横並びから頭一つ抜け出る可能性を秘めています。どの業界でも同じような商品・サービスが並ぶなか、将来のあるべき姿からバックキャストした、貴社ならではの独自性の高いビジネスモデルの実現を期待することができます。

ＳＤＧｓが会社組織に及ぼすもう一つのインパクトは、その8番目のゴール「働きがいも経済成長も」を正々堂々と追求できる点にあります。

「正々堂々と」とは若干おかしな言い方ですが、これまで「会社の成長」と「社員の働きがい」を同列で語ることは、あまりありませんでした。むしろ、この2つは対立するものととらえられがちでした。

会社が成長するためには、社員に多少の無理をしてもらわないといけない。

社員の働きがいを重視すると、利益追求がおろそかになる。

といった考え方です。

「会社の成長」と「社員の働きがい」の2つはまた、会社のなかの異なる部門が扱うこともありました。

会社の成長をもたらす事業戦略は、経営者や幹部、経営企画部が担い、社員のモチベーション管理は人事部や各部門のリーダーが担当する。そんな具合に、明確に役割分担されたケースが多かったのです。

社員数が少ない小さな企業では、「会社の成長」も「社員の働きがい」も社長が考えるしかないという場合もあります。社員は皆、製造や営業や接客などの実務に関わっているため、現場から離れて会社の将来を考える仕事は社長しかできません。

こうなると、会社の存続に直結する「会社の成長」側が優先され、「社員の働きがい」にまで目が行き届かなくなります。いきおい「社員の働きがい」は二の次、三の次の検討事項となります。

前にも述べましたが、ＳＤＧｓの17のゴールは、いずれも、一筋縄では実現できないものばかりです。だからこそ、全世界が力を合わせてやっていきましょう、一人や一社ではかなわないので、パートナーシップを組んでいきましょうという呼びかけを伴っています。

「働きがいも経済成長も」も他のゴール同様に、簡単には到達しえない目標です。

しかし、「働きがい」と「会社の成長」の間に、ＳＤＧｓビジネスを介在させると、両方のサイクルを同時に回すことが可能になると私は考えています。

「サービスプロフィットチェーン」と呼ばれる考え方があります。

サービスの現場では、サービスを提供する社員の「仕事に対する満足度」が「サービスの品質」に影響を与えます。そして、その「サービスの品質」が「顧客の満足度」に影響を与え、結果として企業にもたらす利益（＝プロフィット）の大きさを決める、というものです。

私はこの考え方をサービス業以外にも拡大し、「ＥＳ‐ＣＳチェーン」という考え方を提唱しています。ＥＳ（社員満足）がＣＳ（顧客満足）に影響する。逆に、ＣＳが高まると、ＥＳも高まるという循環を組織のなかに作り、半永久的に継続する業績アップの仕組みを作り上げようという考え方です。

製造業で加工や組み立てをしている社員などは直接の顧客がいません。そういった場合は、自部門や自身の仕事の後工程、あるいは周辺部を担う部門・人を顧客と想定します。

ＥＳ‐ＣＳチェーンのポイントは二つあります。

一つ目のポイントは、ＥＳ（社員満足）が起点であることです。まず社員が満足すること。そのために働く環境を整えるとともに、ＳＤＧｓなど社員の働きがいに直結するテーマを事業に結び付けます。

二つ目は、顧客から社員へのフィードバックがあることです。ポジティブにしてもネガティブにしてもフィードバックがあることで、社員は自分の行動を評価したり、修正したりできます。結果的に理想とする方向へと軌道を整えていくことができます。

社員の満足度が高いと、仕事の品質が上がり、顧客や後工程の満足度が上がる。そして顧客からの適切な評価や理にかなった改善提案を、社員のモチベーションを上げる方向で活用する。これによって、もう一段階上のＣＳ（顧客満足）を目指す動機付けを行っていきます。

このサイクルを回す鍵として、ＳＤＧｓを活用します。17のゴールに紐づくビジョンや具体的な事業活動を、「働きがい」と「経済成長」を同時に実現するエンジンとして使うのです。

ゴールの共有がもたらす効果

ＳＤＧｓに紐づく事業のゴールを掲げ、そのスタートを切る。今までの事業よりも一回り大きな視野で新規事業に取り組み、自社のブランドを確立することを宣言する。

もし貴社が「働きがいも経済成長も」を実現するツールとしてＳＤＧｓを活用するのであれば、社長がメインになって動くのはここまでです。ここから先の企画と実践は、社員と一緒に進める方がうまくいきます。

なかには事業コンセプトを考えるところから社員を参加させ、中心になって動いてもらう企業もあります。こうした場合は、まず社長と社員がディスカッションをしながら、方向性をすり合わせます。そして、事業開始後の運営のしやすさを視野に入れながら、社長、社員の双方が納得する着地点を見つけていきます。

先述のように、私は、会社の業績も良く、社員の幸福感も高い企業に共通する特徴を研究してきました。そして、その特徴を総称して「マス・アイデンティティ」と名付けました。

「マス・アイデンティティ」とは、組織全体としての方向性が揃っていて、個々の社員が自分の強みを認識し、相互に能力や人格を認め合いながら働く状態を指した言葉です。

なかでも重要なのは、全員が同じビジョン、ゴールを描くという点です。その同じビジョンやゴールを、自分の仕事や働きがいと関連付けて理解しているということです。

会社のビジョンやゴールをＳＤＧｓと重ねて掲げる。これが全体の意識をまとめるのに役立つ理由は、社会課題の解決という正義と自分を結びつけることができるからです。

「貧困をなくす」にしても「住み続けられる街づくりをしよう」にしても、ＳＤＧｓのゴールはいずれも「良いこと」を謳っています。それに対して、異を唱える社員はほとんどいないでしょう。

もし反対意見があるとしたら「無駄なコストをかけて利益が削られる」という類のものです。これに対しては、「だからこそ、利益を出しながら社会課題を解決する方法を考えよう」と協力を求めればよいのです。

ある会社で、社長が社会課題の解決に役立つ事業を始めると社員に宣言しました。最初は経緯が理解できなかった社員も、事業の内容を理解するにつれて、目が輝いてきたといいます。社会をよくしながら、競合他社とは一味違う事業展開ができるとなれば、会社に対するロイヤリティも高まります。

その実現のための方法を、自分たちで考えて実施できるとなれば、社員の力を引き出すまたとない機会となるはずです。

統一されたゴールを持つことのもう一つのメリットは、人間関係が改善するということです。先にベンチャー企業の例を書きましたが、明確なゴールが設定され、その達成のために自分の役割が明確になっていれば、些細なことで小競り合いをしている時間はありません。

「そうは言っても、うちには何を言っても動かない社員がいる」

そんな社長の声も聞こえてきます。では、そういう社員は貴社にとって必要な社員でしょうか。中小企業は個々の社員が力を出し、さらにチームとしての相乗効果を生み出さなければやっていけないはずです。

新しいゴールに向かって大方の社員が動き出した時、その流れに同調しない社員は明らかに居心地の悪さを感じます。この時が、そんな社員の本音を聞き出すチャンスです。

人材や組織に関してよくある勘違い

前に書いたように、私は業績が業界平均よりも高く、幸福感が日本人の平均よりも高いという会社のいくつかを調査しました。その結果、これらの組織には「マス・アイデンティティ」と表現される特徴があることがわかりました。

「マス・アイデンティティ」の要素は、ビジョン、個人、チームのあり方の３つに大別されます。

個人やチームなど人事的な面で苦手意識を持つ中小企業の社長に時々お会いすることがあります。

「人材のモチベーションアップやチームづくりについて、どんな風にやられていますか」と尋ねると、

「チーム作りや研修などはすべて社会保険労務士に任せている」とか

「研修は外部講師にお願いしていて、詳細はわからない」とか

「人に関しては人事の担当に聞いて」とかいう返事を聞くことが多いのです。

ここから推測されることが2つあります。

一つは、人材のモチベーション管理やチーム作りは、研修やトレーニングによってでき

ると考える社長がいるということ。もう一つは、人事や組織づくりは経営者の仕事ではないと思っている社長がいるということです。

もちろんそうでない社長もたくさんいるのですが、人事や組織づくりの優先順位が低いケースを私はいくつも見てきました。

創業したばかりの経営者は一人でがむしゃらに動き、事業を何とか軌道に乗せます。事業が大きくなってくると、人を雇い、なかには片腕となるような有能な人材を招き入れることもあります。

こんなケースがありました。

ある設計事務所です。社長は、前職が大手の建設会社の設計士で、優れた設計をするばかりでなく営業センスもあったので、顧客からも信頼されていました。独立し、自分の会社を設立する際に、前職の建設会社から営業を引き抜いて、専務に据えました。自分は設計業務に専念し、競合他社より優れた設計力で独自性を出していこうと考えたわけです。

もともと一緒に仕事をしていた仲なので、社長も専務も互いの性格や仕事ぶりはよくわかっている、はずでした。

創業当初は、法的な手続きやあいさつ回り、そして営業活動、受注した仕事の処理と、二人とも多忙を極めました。こなしきれない事務仕事を手伝ってもらうために、従業員を一人雇い入れました。景気もよかったので順調に業績が伸びました。そしてその数年後。社長主導で進めていた経営のやり方に専務が不満を持つようになりました。専務の目から見れば、何もかも一人で決め、決定事項だけを伝えてくるような社長の行動に、自分がないがしろにされている感覚を強めていったのです。最初は頼もしく見えていたワンマンぶりが疎ましく思うようになりました。

たった一人の社員は、社長や専務からやるべきことが告げられるだけ。感謝の言葉もなく、やって当たり前という社長や専務の態度に、こちらはこちらで不満を募らせていきました。

まず、たった一人の社員が、突然会社に来なくなりました。

次に、専務が社長に独立を告げました。顧客とのやりとりはすべて専務がやっていましたので、用意周到に顧客を持ち出す手はずを整えていました。

この段になって初めて社長は、何かがまずかったということに気づいたのです。

一体、何がまずかったのでしょうか。

組織づくりにおける社長の役割とは

経営に「攻め」と「守り」が必要なのは当然です。社長が攻め、他の人材が守るという構造は合理的です。まれに、「攻め」も「守り」も兼ね備えた社長もいますが、適性が異なるので、多くはどちらかです。

さらには、方向性を示す「総論」から、具体的な計画を作り、実行する「各論」まで社長が一人で行うのは困難です。事業規模が小さい創業当初はなんとかなっても、事業の拡大に伴って、他の人の助けが必要になるのは当然です。

組織が成長するにしたがって、会社の運営に必要な役割が分担され、人事担当や営業担当ができてくるのも自然なプロセスです。

大切なのは、そこで社長が心を離してしまわない、ということです。

会社が小さく、人員も少ないうちは、人間関係も濃厚です。よほど嫌いな人同士でなければ、プライベートの話もするし、感情の起伏も共有する。組織が大きくなると、それが希薄になっていきます。

感情的なつながり、信頼関係が薄まっていくと、些細なことで不信感が生まれます。社員の所属欲求や承認欲求が満たされなくなっていきます。

会社のなかで最も影響力のある社長に「承認される」あるいは「頼りにされる」ことは、社員にとって、重要な帰属意識の源となります。慕われている社長の多くは、一人一人を良く観察し、良いところは褒め、悪いところは冗談交じりに指摘しています。

先述の「幸福感と業績が両立する企業の研究」で、業績も良く、社員の幸福度も高いと判定された企業の社員に、「あなたにとって社長はどういう存在ですか」と尋ねたことがあります。

答えは「太陽のような存在」でした。

折に触れて話をする、聞く、成果を承認する、不足や不備をやわらかく指摘するということをやっているのでしょう。

それは、監視や管理が目的ではなく、社員との信頼関係を築くためです。そしてその信頼は会社の方針と社員の方向性を一致させる要因となります。

ＳＤＧｓの８番目のゴール「働きがいも経済成長も」は、会社の事業と社員のモチベーションの両面に踏み込む、深い意味合いを持っています。会社の持続的な発展を、社員の働き方やマインドセットから導いていこうという取り組みと私は解釈しています。

会社の業績に目が行きがちな社長が、社員との関係性にも配慮を始めると社員の働き方が変わってきます。ビジョンやゴールなどを明確に定めれば、これらのフィルターを通して、会社とともに成長していきたい人を見定めることもできます。

時間はかかるものの業績に対する好影響は必ず現れてきます。ぜひ一緒に考えていきましょう。

第4章

中小企業がSDGsに取り組む際の切り口と外せないポイント

視点を変えて見てみると、不要なものが光り出す

この章では、中小企業がＳＤＧｓに取り組む際の切り口を中心に説明していきます。現時点で、すでにＳＤＧｓに取り組んでいるという中小企業は多数あります。その何割かは、ＳＤＧｓという言葉が登場する以前から、環境保護や持続可能性を織り込んだ事業を展開しています。

社長の頭の中に社会課題の解決という考えが明確になくても、社会の持続可能性につながる商品開発や事業活動を行っているケースはよくあります。感度の高い社長であれば、直接、利益に結び付かなくても、回りまわって自社のファンを増やすような活動に取り組んでいてもおかしくありません。

特に日本企業は、売り手よし、買い手よし、世間よしの「三方よし」の意識が高いと言われています。地域密着型の中小企業であれば、なおさら、長い目で将来の顧客を育てる事業や活動に視野を広げる可能性も高いでしょう。

そう考えると、比較的狭い市場で、地域の消費者に密着した事業を行う中小企業は、ＳＤＧｓ的な要素を自社の事業に取り込むことに抵抗は少ないはずです。

むしろ、現時点で行っている事業をＳＤＧｓ的な視点で点検してみると、すでに社会課

題の解決に取り組んでいることに気が付くケースも多々あるでしょう。

たとえば環境に配慮した原材料の選択や女性活用の推進などは、ＳＤＧｓ以外の分野から要請され、手掛け始めたケースもあるでしょう。取引先からの要請に対応して、あるいは、優秀な人材の採用を目的に取り組んでいることもあります。

ここからは、中小企業がＳＤＧｓのゴールに取り組むとしたらどんな切り口があるかを見ていきます。

まず業界を問わず検討ができる三つの切り口を紹介します。

一つ目は、未利用資源の活用です。

2章で紹介したC社、R社とも、今まで活用されていなかった資源を活用して、新たな商品、サービスを開発しています。C社の場合は、メインの商品に使いにくい規格外の材料を、R社の場合は長年放置されてきた国産の木材を資源として活用しています。

未利用の資源には、未利用である理由があります。

その理由を明確にして、今までとは異なる角度から光を当てると、新しい活用の仕方が見えてきます。その活用方法がまだ誰も取り組んでいないものであれば、競合他社とは異なる独自性を作り上げることができます。

たとえば、全国各地で放置された竹林の再活用が始まっています。竹は繁殖力が強く、他の植物を侵食します。根が浅いために土砂崩れなどの災害を引き起こすとも言われ、厄介者の代表格となっていました。

ある地域では、荒れた竹林を整備し、伐採した竹を土壌改良剤に加工して販売を始めました。農薬や化学肥料に頼る「化学農業」から有用微生物が繁殖する「土づくり農業」への転換を促しています。

別の地域では伐採した竹でストローを作り、プラスチックのストロー代わりにカフェなどに提案をしています。マイクロプラスチック問題が取り沙汰され、代替品が求められるなかでのテスト使用です。

このように未利用資源の活用によって社会の課題に応えるアイデアは無限に出てきます。既成概念を外して、自由な発想で、検討してみてください。

過去の遺産を活用する

未利用資源は「まだ使われていない資源」という意味ですが、「かつては使われていたが、今は使われていない、もしくは不要となっているもの」ととらえ直すことができます。すると、処分するしかないと思っていた厄介者が資源としてよみがえってきます。

たとえば空き家。日本の空き家率は15％程度と言われており、その数は年々増えています。空き家が増えれば、治安が悪くなり、街の景観も損なわれます。

解体して更地にするにもお金が要り、税金の関係もあって朽ち果てるまで放っておかれることの多いのが現実です。

この空き家を資源として考えた面白いビジネスがあります。

古くなった空き家を安く買い取り、長期優良住宅以上のレベルにリノベーションして資産価値を大幅に向上させます。しばらく事務所兼住宅として住んだ後、公的な根拠に基づく価格で販売するというものです。そして、その収益をもとに新たに空き家を購入し、また資産価値を大幅に上げて販売するということを繰り返していきます。

ＳＤＧｓのゴールで言えば「住み続けられる街づくりを」に相当する事業であり、空き家という社会問題の解決と同時にビジネスとしての継続性を担保しています。

貴社には、今まで捨てていたけれど、角度を変えて見てみると、リサイクルやリユースが可能な素材はありませんか。

古くなって使われなくなり、放置されたままの施設や設備はありませんか。

未利用資源はカタチのあるものばかりではありません。アイデアやプログラムなどの形のないものも含まれます。

たとえば、以前社内で検討された事業アイデアで、その時は市場性がないと判断され、お蔵入りした企画はありませんか。あるいは途中まで手掛けたけれど、諸般の事情でストップした事業や商品はありませんか。

コロナ禍で対面式のビジネスが、軒並み路線変更を強いられています。一躍脚光を浴び始めたのが配膳ロボットなど飲食店で使われるロボットです。コロナ禍以前から人材不足を背景にその活用は検討されていましたが、話題作りに終わっていたケースもありました。ところがコロナ禍に際して、急激に活用が進みました。対面ビジネスが困難になる中で、飲食店の窮地を救うと謳われるほど、位置付けを高めています。

このように環境が大きく変わると、過去には冴えなかったアイデアも俄然かがやきだす可能性があります。もう一度、蔵の中から取り出してみると、結構いけそうなものがあったりしないでしょうか。

働きがいと経済成長を両立する環境づくり

中小企業がＳＤＧｓに取り組みやすい二つ目の切り口は、「働きがいも経済成長も」の追求です。第3章で説明をしましたが、これからの企業が利益を出し続けるためには、社員の力を引き出し、事業の創出や発展に役立てる視点が不可欠です。

「働きがい」と「経済成長」を別々に考えるのではなく、両方を同時に満たす手段を検討するところがポイントです。

先の「未利用資源」との関連で言えば、社内で能力を発揮できていない社員もまた「未利用資源」の一つと言えます。原因は社員個人にあるばかりではありません。環境が整備されていないがために「未利用資源」になってしまっているケースは多々あります。

グーグルが行った生産性の高いチームに関する調査から、興味深い結果が示されました。この調査、もともとは「同じ人が、所属するチームによって発揮する能力が異なるのはなぜか」という疑問から始まったといいます。

あるチームに入るとパフォーマンスが落ち、別のチームに所属するとイキイキと活躍をし始める。その差を生み出しているものは何か。

この調査によれば、チームにおける個人のパフォーマンスに一番影響を与えるものは「心理的安全性」であることがわかりました。その人がその人らしくいられるかどうかが、成果に影響を与えるというのです。

今一つ力が発揮できていない人材も、別の環境に置いてみると意外な才能を発揮するかもしれません。組織の成熟度はさまざまですので、すべての組織に当てはまるわけではありませんが、頭に入れておきたいポイントです。

問題解決に役立つ「パートナーシップ」という視点

中小企業がＳＤＧｓに取り組みやすい３つ目の切り口は「パートナーシップ」です。この目標は、17のゴールの17番目に位置しており、他の16のゴールとは異なる性格を持つとされています。具体的な何かを指し示すものではないのです。

したがって、このテーマは「取り組む」というよりも、このテーマを意識して仕事をすると、直面する問題を解決しやすくなると言った方が理解しやすいでしょう。

というのも、ＳＤＧｓのゴールはいずれも複雑な背景があるために、企業や自治体単独、あるいは誰かひとりの力だけで達成できるものではありません。さまざまな角度から同じ問題に関わる人がパートナーシップを組んで、行動していくことが大切です。

なぜパートナーシップが大切なのでしょうか。

まずパートナーシップを組むことなく課題を解決しようとするとどうなるかを見てみましょう。

生活が貧しい途上国では安全な水の確保は重要な課題です。井戸がないために毎日遠く離れた川に水を汲みに行かなければなりません。そのために学校にいけない子供達がたくさんいます。教育を受けられないので、いつまでも貧困から脱出できません。

この問題を「子供の不登校問題」ととらえ、学校関係者だけで解決しようとしても一向に状況は改善しません。なぜなら子供が学校に行けば、家族は水を手に入れられず、生活ができなくなってしまうからです。こういう状況では、親が子供を学校に行かせることは難しい。

いくつかの要因が絡まった問題を解くためには、個々の問題の解決法を別々に考えるのではなく、すべての問題を同時に解く方法を考えます。そのためには、関わる人たち、つまり、学校関係者、水へのアクセスを改善する政府等の関係者、そして当事者である子供と親が問題の解決に向けてパートナーシップを組んで取り組む必要があります。

子供が学校に行けるようになって知識や知恵を身につけ、同時に家族も安全な水を確保できるといった具合に、どちらか片方だけではなく、両方ともを同時に実現する方法を検討する必要があります。

先にも書きましたが、ジェンダー平等の問題もパートナーシップなくして解決はできません。日本は女性の管理職比率が低いと、さまざまなところで指摘されています。

その理由はいくつもあります。女性自身の意識の問題、女性をとりまく環境の問題、男性の協力の問題、社内の制度の問題、会社の風土の問題などなど。すべての関わる人が、自分の立ち位置から解決策を考えたうえで、解決策同士の矛盾を解消し、ゴールを目指す姿勢が必要です。関わる人が相互に相手の事情を理解し、歩み寄る必要があります。

会社のなかにある部門間対立問題

会社のなかにも解決のためにパートナーシップを要する問題は多々あります。よくあるのはセクショナリズム問題。組織が成熟していないと、営業と製造など異なる機能を持つ組織間で利害関係が対立します。

営業は言います。

「長い期間をかけてやっと受注にこぎつけた顧客なので、要望には確実に応えたい。顧客が求める納期通りの製造をしてほしい」

対して製造はこう答えます。

「他の注文も入っているので、その顧客だけ優先することはできない。製造の都合を確認しないで、なんで勝手に受注をしてしまうのか？」

営業は答えます。

「製造の能力が低いからそういうことになるんだろう。とにかく注文通りにやってくれ。営業の苦労もわからないのか？」

営業は、顧客満足を高めるために、顧客が必要とする数量をできるだけ早く納品したい。他方、製造はラインの能力に上限があるので営業が求める数量を希望通りに作れない。

不幸にして互いが自分の部門の都合しか考えない場合、相互に責任を押し付け合って、会社の利益という本来の目的が見失われます。

両者が自分たちの部門の事情を超えてもう一段高い視点から事態を見ることができれば、このような衝突は回避できます。同じゴールを追求するパートナーという意識があれば、互いに相手の事情を汲みつつ最適解を導きだそうとするはずです。

パートナーシップとは、自分の事情を踏まえつつも、相手の事情を考慮に入れて、双方少しずつ譲り合いながら、ゴール達成のために最善の選択肢を探ることができる関係です。自分の目的が達成できない理由を相手に求めず、明快な解決策のない状態に対して自分は何ができるかということを考える姿勢です。相手が全面的に折れるのでもなく、自分が全面的に折れるのでもない、両者が納得する答えを見つけ出すことです。

ここで重要になってくるのが、問題の解決に関わる人同士が、立場を超えて協力しあうための魅力あるゴール設定です。先の営業と製造の対立場面でも、最も重視すべきは何かを双方で確認するところから、妥協点を見つけることができるはずです。

そして相手の事情を理解しようという姿勢を見せることです。

たとえば、製造の担当者は、営業部門が苦労して新規顧客を獲得していることに理解を示します。新規顧客を獲得するために、少々厳しい納期でも飲まなければいけないことを理解します。

営業の担当者は、製造部門が要求品質を満たしながら多品種少量の生産を絶妙な管理体制で実現していることに理解を示します。すでに決まっている生産スケジュールの中に突発的に新しい仕事を挿入することの難しさを理解します。

こうして双方が相手の事情を理解することから、会話がスタートします。そして双方が自分の業務より一段上の視点で共通するゴールを見定めることができれば、解決の糸口が見えてきます。

利害関係が対立するような厄介な問題を解決するにはパートナーシップが必要であり、パートナーシップをうまく機能させるためには共通ゴールの設定が不可欠となるわけです。

思い入れの深さを基準に事業を選ぶ

弊社で定期的にセミナーを開催していることは前にも書きました。先述の住宅メーカーR社のA社長もコンサルティングが本格化する前にセミナーに参加してくれました。

そこで取り上げた事例の一つが過去にジャパンSDGsアワード特別賞を受賞した中小企業でした。ジャパンSDGsアワードとは、日本国内のSDGsに関わる活動を推進するために外務省が実施している表彰制度です。私は、この特別賞を受賞した社長の言葉「お互いの利益を考えている。みんなが楽しいことが、正しいこと」を引用し、SDGsに取り組む経営者の動機を示そうとしました。

この言葉が思いのほかA社長に響きました。

A社長率いるR社は、設立1年目にして社員数8名。発足したばかりでこの社員数は、正直驚きます。設立から軌道に乗るまでの期間は、できるだけ固定費を抑えたいのが本音です。ところが前職時代の部下が会社を設立したばかりのA社長を慕って、つぎつぎにR社の門を叩いてきたのです。他人から頼られる人柄がよくわかります。

A社長は「自分はわきが甘いから周りがサポートしてくれる」と言います。自分が一歩引くことで、関わる人の力を引き出すのは天賦の才と言えるほど鮮やかです。弊社のセミナーで紹介した「みんなが楽しいことが、正しいこと」という言葉が、響く理由がわかります。

A社長とともにR社の新しいサステナブルブランディングを検討しながら、私がもう一つ強調した点があります。それは、社長や社員の想い、問題意識、どうありたいかという個人的な視点の大切さです。

会社の事業に個人的な事柄を持ち込む。このことに多少の違和感を覚える方もいるかもしれません。

私の専門は中小企業の支援ですが、その範疇に創業者の支援も含んでいます。これから創業しようという人にいつも言っているのは、自分が全力を注げるテーマを中心に事業を考えてほしいということです。24時間３６５日関わっていても飽きないテーマです。少し大げさな言い方になりますが、自分の人生のミッションと関係する事業を選ぶことが大切なのです。

なぜなら、創業であろうと新規事業であろうと、およそどんな事業も軌道になるまでに時間がかかるからです。いくら素晴らしい計画を立てても、その通りにいくことはほとんどありません。コロナ禍のような、思いもよらない逆風が吹くこともあります。固定客がなかなかつかず、「いっそやめてしまいたい」と思うときもあります。

ある企業では新規事業を軌道に乗せるまで5年から10年の期間を見込んでいます。この間に、当初の計画は何度も修正されます。試しに作ってみた商品を顧客に見せ、その反応を見ながら徐々に商品とビジネスモデルをブラッシュアップしていきます。

ブラッシュアップした結果、仕上がった商品が本当に売れるかどうかは、神のみぞ知る世界です。売れる確率を上げるために、顧客の意見を聞いたり市場調査をやったりします。事業開発に注いだ努力が報われるまで、あの手この手を尽くすしかないのです。

中小企業がSDGsに関連する事業に取り組もうという際のステージはさまざまです。すでに手掛けていた事業にSDGsのラベルを貼ったり、材料や素材をエコフレンドリーなものに置き換えてSDGsを謳ったりするステージもあれば、社会課題の解決を志し、他社とパートナーシップを組んで新たなビジネスモデルを築こうというスケールの大きなものもあります。

SDGsの主旨に照らせば、社会課題を解決する新たなビジネスモデルの構築が最も望ましい取り組みでしょう。しかし、ここに至るまでには長い時間と忍耐が必要です。紆余曲折や試行錯誤が必ずついてきます。

そうした時に、当初の志を貫けるかどうかは、自分が選んだ事業に対する思い入れの強さと深さに大きく影響されます。

だからこそ個人的な想いを足掛かりに事業を検討する意義は大きくなります。それは社長個人だけでなく社員の想いも結び付けて行うほど、効果は高くなります。強い思い入れが継続する力を生み出します。事業の成功の可能性を引き上げていきます。

独自性を高めるビジネスモデル構築の要点

弊社のコンサルティングプログラムは、ＳＤＧｓの17のゴールに紐づくビジョンや事業コンセプトの検討から進みます。Ｒ社のＡ社長との議論は時に大いに盛り上がりました。楽しみながら、今までの常識の枠を超えるような発想で事業を検討する。これがＳＤＧｓに関わる事業を創出するときに大切なポイントです。

数名が集まってアイデアを出し合うブレインストーミングをご存知でしょうか。その開始の際には必ず、全参加者の合意事項としてグランドルールを設定します。

たとえば、

・他人の意見を否定、批判、非難しない
・思いついたらなんでも言う。質より量を重視
・他人の意見に便乗する
・思い切り発散する
・とにかく楽しくやる

といったルールをあらかじめ決めておき、それに則ってアイデアを出していきます。

ブレインストーミングでは、いつもの思考から飛躍した発想が求められます。既成概念

を飛び越えた新しい発想が歓迎されます。根拠のない思いつきや悪乗り、ばかばかしい論理展開、なんでもオーケーです。

というのも、先述のようにＳＤＧｓの17のゴールはいずれも、一筋縄では達成できないものばかりだからです。従来の方法で解決できない問題ばかりが取り上げられ、「だからみんなで力を合わせて、今までになかった方法で解決しましょう」と呼びかけているのです。

１＋１が2になるような当たり前の思考ではなく、飛躍を伴う突拍子もない発想から、ヒョウタンからコマのように的を射るアイデアが飛び出てくる、そんな展開が理想です。

このような理由もあって、私が議論をガイドするときは、苦し紛れの思い付きを口にするよう促し、他人のアイデアを上塗りするような悪乗りをも歓迎します。

Ｒ社の話しに戻りましょう。

Ｒ社の理念は「住む人の人生を設計する」です。自分の家を所有するというだけでなく、家族一緒に楽しむ時間を含めて顧客の人生を設計することが、会社の存在意義と定義していました。

そこに以前からA社長が抱いていた日本の林業が抱える課題、森を守る大切さなどへの意識がミックスされ、Ｒ社のブランディング計画の検討が進んでいきました。

社会課題の解決と顧客の喜びを満たし、利益を確保する

計画の中心になったのは、国産材の活用です。

戦後、日本各地の山間地に植えられた国産材が、現在、使用適期にあたっている。にもかかわらず有効に活用されていない点が、ＳＤＧｓの「森の豊かさを守ろう」に関わる社会問題ともつながっています。

Ｒ社は国産材の活用にあたってサプライチェーンの川上にあたる材木メーカーや卸事業者と連携を検討。温室効果ガスを吸収し、治水にも貢献する山の維持を支える一助となることを共に目指すことにしました。

家を建てる顧客に対しても新しい価値を提供することにしました。それが、住宅の前庭に植える「シンボルツリー」です。

家は一生に一度か二度の大きな買い物です。顧客の思い入れも非常に大きい。その思い入れに「シンボルツリー」という付加価値で応えたいという社長の想いが伝わってきます。シンボルツリーは顧客である施主自身が山に入り、新しい我が家にふさわしい木を自分で選びます。思い入れはさらに深まります。

そのサポートは提携する造園業者が行います。住宅の工事と外構の工事は別々の業者に

発注するケースが多いのですが、施主は住宅とシンボルツリーを含む外構をワンストップで発注できるため、利便性も高まります。

近年は家を建てても庭を造らない世帯が増えています。家族の一人ひとりがクルマを持つようになると、駐車場の確保を優先して、庭を造る余地がなくなるというのが現実です。勢い、街の緑は減っていきます。

逆に、新築の住宅に標準でシンボルツリーがついてくれれば、周辺に緑を配置したくなるのも人情です。それは街の景観づくりにも役立ちます。

木材を切り出した後は、山主と連携して植林活動も行います。社員を動員するだけでなく、地元養護施設の子供たちを招いてイベント化をすることを考えています。養護施設には利益の一部も寄付します。会社のイメージアップだけに終わることなく、走りながら利益を生み出す仕組みを検討していきます。

関わる人を幸せにしながら、R社を中心にお金が回る仕組みをつくり、同時に社会の課題を解決していく。A社長は「やりながら考えて、必要なところは修正していく。これを足掛かりに、数年後には地域ナンバー1の企業になる」と話します。

高い目標を掲げ、社内外の関わる人を巻き込み、計画を進めていく。そして、何か不具合が発生したら立ち止まり、修正をする。

ビジョンやゴールを見失うことなく、しかし計画に不具合があれば潔く修正して進めていくのが、ＳＤＧｓに紐づく事業とブランディングに必要な行動です。

Ａ社長が社員にＳＤＧｓを活用したブランディングの計画を説明したところ、社員のモチベーションが一気に上がってきたと言います。

「若い社員が目をキラキラさせて計画を聞き、自分の考えを話してくれた。いい感触でした」と話してくれました。

キレイゴトの呪縛を超えるには

さて、ここまで読んでこられた読者の中には、「キレイゴト言っているね」と心の中でつぶやいた方がおられるのではと思います。利益を生み出さないビジネスはビジネスではない。社会貢献ばかりしていても、会社が継続できなければ意味がない、と。

私も同感です。何度も申し上げているように、ＳＤＧｓは単に社会課題を解決するのが目的ではありません。社会課題を解決しながら、利益も出す。これがＳＤＧｓの正しい解釈です。

ただし短期的な利益には結び付きにくい側面があります。世の中にとって良いことをしようという意思が先立っているからです。今まで誰もが解決できなかった誰かの困りごとを解決しようとしているからです。

ですから、既存事業が上手くいっている間に、未来への投資と考えて取り組むことをお薦めしています。いまの事業が順調に推移していても、経営環境が急激に変われば、需要が激変します。コロナ禍で対面ビジネスが軒並み不調になったような不測の事態が、またいつ起こるかわかりません。

予測不可能な時代に道筋をつけるためにも、ＳＤＧｓの17のゴールは役に立ちます。これらのゴールは社会の困りごとを指しています。困りごとの解消はビジネスの基本だからです。

中小企業は現業に手いっぱいで、新規事業に手を出せない。ましてや社員を動員して社会貢献するなどとうてい無理……そういう声もよく聞きます。であれば、3年、5年先の会社のあるべき姿を描いて、社長自身が取り組んでください。同業他社にまねできないようなユニークなビジネスモデルをつくり、会社を継続、発展させる源泉に育てましょう。

コロナ禍に直面して、以前にもまして「利他」という言葉を目にするようになりました。自分より他人を優先することを指す言葉です。

「利他」ということばは「自利」とセットになっています。「自利利他」で、自分が幸せになることは他人も幸せになること、他人が幸せになることは自分が幸せになることという相互作用を指します。三方よしにも通じる言葉です。

何よりもSDGsのような考え方が世界のビジネスの主流になってきているということを意識したいのです。誰かを犠牲にして永遠の右肩上がりを追求するよりも、関わる周囲と共存しながら、適正利益を生み出す方が理にかなっているという時代が来ています。それは未来の顧客を育てることにつながっていきます。

目の前にある課題をSDGsの視点で解決

ここまでSDGsのゴールに紐付けて貴社の新しい事業を立ち上げ、ブランド化を図るという話をしてきました。少し視点を変えて、今、貴社の目の前にある課題をSDGsの視点で解決するというアプローチについて説明します。

先述の住宅メーカーR社の話しの続きです。

R社では新しいビジネスモデルをつくろうと中長期的な視野で取り組み始めると同時に、もっと短期間で利益を生み出す事業についても検討を始めました。

ある日、R社のA社長を訪問し、重厚なテーブルが置かれた素敵なロビーでSDGs事業の進展について話をしていたときのことです。社長の口から何度も「我々の業界も明暗を分けている。今、うちの会社は明るい方にいるが、いつ暗い方にいくかわからない」という言葉が出てきます。

気になって「どうして、いつ暗い方にいくかわからないと思うのですか？」と尋ねると、「今は切れ目なく受注があるけれど、いつ受注が切れるかわからない」というお答えです。

営業力のある会社は、単発受注をつなげて継続的な利益の確保をねらう狩猟型のビジネスに偏りがちです。常に新規顧客を開拓し、業績を上げていきます。ある意味、綱渡りの要素があり、一時も気が抜けません。

長く安定的に利益を確保していこうと思ったら、狩猟型のビジネスに農耕型のビジネスをミックスしていくのが得策です。狩りをするのと同時に、畑に種を撒き、少ないながらも常に収穫がある状態にもっていきます。

狩猟型と農耕型をミックスしたビジネスはいたるところに見られます。

プリンターメーカーはプリンター本体を売ったあとにインクという消耗品で長く利益を上げます。

ウェブ制作会社はクライアントのホームページを作って売上を計上した後に、定期メンテナンス契約をして薄く長く利益を確保します。

マンション建設会社は、施主がマンションを建てた後に、入居者の確保と建物のメンテナンスをパックにして十年単位のサポートサービスを提供します。

いずれも本体商品を売った後、顧客にとって不可欠なサービスを提供しています。これによって綱渡りのリスクを避け、収益の基盤を作っていくわけです。

長期と短期の組み合わせでゴールを目指す

Ｒ社の例で言えば、家を建ててくれた顧客に対して少額でも継続的に商品・サービスを提供し、つながりを維持しながら利益を上げていく。これができれば、安定収益のベースになります。

「それではお客様の負担になる」と当初はしり込みをしていたA社長。

確かにＲ社は品質のよい住宅をできるだけ低価格で顧客に提供し、その評判で次々に顧客を開拓しています。住宅の金額にさらに上乗せして何かを提案するというのは、社長の心情からして考え辛かったのでしょう。

そこで少し発想を変えて、「お客様が自然にお金を払いたくなるようなことで、何かないでしょうか。しかも、使っていない資源を活用するようなやり方で」と提案してみたところ、社長が何かをひらめきました。

家を建てた後の顧客が必ずお金を払う商品やサービスで、契約制にしても顧客側の納得感の高いもの。あるいは顧客自身で手配するのは面倒なので、Ｒ社が一括して請け負えば、喜んで使ってもらえるようなサービス。

家が完成した後は、顧客との接点がなくなります。しかし一度、Ｒ社のサービスに満足した顧客は、また家周りの課題が生じたときに発注してくれる可能性は高いのです。そのタイミングをうまくつかむためにも、定期的に接触できるようなサービスは一考の価値があります。

ＳＤＧｓビジネスは長期と短期の両方で考えたほうが現実的です。17のゴールに謳われるような社会課題の解決を中長期的に目指すとともに、短期的には直近の顧客の課題を解決する。この両者の合わせ技で、目先の課題を解決しながら利益を上げ、同時に目指すゴールを追求していきます。

一足飛びにゴールまで到達しなくてもいいのです。現状を踏まえ、一歩一歩、しかし確実にビジョンに向かって前進していく会社が一社でも増えることを私は願っています。そしてその姿を魅力的に情報発信し、オンリーワンの存在として顧客にも社員にも長く愛される会社になっていただきたいのです。

ブランディングの障害になるコミュニケーション不全

いろいろな中小の会社を拝見していると、社長とて得手・不得手があることがよくわかります。マーケティングが得意な社長は人材面が弱かったり、チームづくりに素晴らしいカリスマ性を発揮する社長が、営業面は他の役員に頼りきりだったり。人の適性はさまざまで、社長であろうともその例外ではありません。

ある中小企業では、強力な営業力で市場を開拓する社長に対して、社員が不満を募らせていました。社長は、現場で課題が発生すれば、次々に社員に解決策を出し、その徹底を要求しました。その結果、一方的に指示されるだけの社員と一方的に指示を出すだけの社長の間にコミュニケーション不全が起こっていたのです。

このコミュニケーション不全は会社のブランディングを行っていくうえでも障害になります。ブランドやブランディングという言葉を聞くと、大方の人は、ホームページや広告宣伝を思い浮かべます。ＳＮＳを使った情報発信コンテンツなどを通して、顧客に喜ばれる独自性をどのように打ち出していくかといった側面に関心が偏ります。

忘れられがちなのは、会社や店のブランドは、人を介しての方が、より強く伝わる、という事実です。客と直接向き合う小売業やサービス業にとっては非常に重要なポイントです。製造業や建設業などでも同じことが言えます。

近隣の消費者を相手にした小売業であれば、店員の対応ひとつで、次もまた来てくれるかどうか、買ってくれるかどうかが決まります。お金と商品の交換だけでなく、客の気持ちに寄り添った優しい言葉をかけているか、親近感を抱いてもらえるような対応をしているかなどが、店に対する印象を決めます。

そして、店員の客対応の品質が良いか悪いかは、多くの場合、会社の中で「自分たちがどのように扱われているか」に影響を受けます。

考えてみれば当たり前のことなのですが、人は自分が思っている以上に他人から影響を受けます。褒められれば嬉しくなって、明るく振舞います。けなされれば気持ちもしぼみ、他人に対する働きかけも虚ろになります。

面白い調査結果があります。チームのなかで使われる言葉をポジティブワードとネガティブワードに分け、その割合とチームの成果の関係を調べたものです。そこからわかったのは、ポジティブとネガティブの割合が3対1を超えると、チームの成果が高まるということです。会社で使う言葉の割合がポジティブに傾けば、人の心も上向きます。自分から周囲や顧客にかける言葉もポジティブになります。社内の人間関係がスムーズであれば、顧客に対する対応も好ましくなります。この影響を無視するわけにはいきません。

一歩引き、環境をつくるリーダーシップ

社長が強力な営業力を持つものの、社員が不満を募らせているという先の会社で、早速社員と話をしてみました。すると、扱う商品にプライドを持って顧客と向き合う姿と、社長とのコミュニケーション不足に不満を抱く姿の両面が見えてきました。

リーダーシップにはいくつかの種類があります。過去の強いリーダーはすべて自分で決め、部下をぐいぐいと引っ張るタイプが主流でした。確実性の高い時代に最適なリーダーシップがこれだったのです。

今は不確実性の時代です。不測の事態は発生することのほうが普通です。他方、新しい知識、情報が次々と湧いてきて、社長であっても一人では把握しきれません。

こうした環境下では、多くの目で環境をとらえ、関わる人すべての力を引き出すリーダーシップの方が適しています。自ら答えを出すのではなく、課題を設定する役割です。

この会社の従業員が望んでいたのも、実はこちらでした。

「社長は課題を設定してください、解決策は現場を守る私たちが考えます」というわけです。

社長に社員の心の内を伝えると、「思ってもみなかった」と当初は驚いていました。ぐ

いぐい引っ張るリーダーシップこそが、社長のあるべき姿であると思っていたのでしょう。いったん状況を理解すると、社長は即座に行動に出ました。現場の課題に対して自らが答えを出すのをやめ、社員に考えてもらうようにしたのです。

社員に現場の課題の解決策を考えてもらうようになると、思いもよらないアイデアが出てくるようになりました。社長も驚くほどの斬新なアイデアもありました。アイデアの中から良さそうなものを社長が選び、実際に行ってみるようになりました。

アイデアにはアタリもあれば、ハズレもあります。今までやったことのなかったアイデアを試そうというわけですから、成功すればラッキー、失敗しても何かを学んで次に活かせます。そういう姿勢を社長が社員に示すことで、社員も安心して挑戦できます。失敗してもポジティブにとらえて次に活かそうと考えます。

自身で考えたことを実践し、成功すれば自信がつきます。どうやればもっと良い対応ができるか考え、他の社員からも学ぶようにもなります。こういう環境づくりが経営層の仕事、新しいリーダーシップのかたちなのです。

「理想はそうだ。だが現実は違う」という人への対処法

ＳＤＧｓや新しいリーダーシップの話をすると、「あなたの話は素晴らしい、理想はそうだ。でも現実は違う」と言われることがあります。口に出して言わないまでも、腹の中で思っている人もいます。この反応は実は普遍的に存在しています。

組織やイノベーションについて勉強したことのある方なら「Ｕ理論」という言葉を聞いたことがあると思います。アメリカのマサチューセッツ工科大学、オットー・シャーマー博士が編み出した、集団や組織が新たな未来を創造するための考え方と方法論。世界有数のリーダーへのインタビューを通して考案したというものです。

Ｕ理論では、組織が新しい次元に移るときに辿るプロセスを、Ｕの字を用いて説明しています。「Ｕ理論」の詳細は専門書をご参照いただきたいのですが、ここで言いたいのは、現状からあるべき姿に移ろうとするとき、大方の人は、「評価・判断の声」や「皮肉・あきらめの声」を自分の内側から聞くということです。

「社会課題の解決をビジネスにするのは素晴らしい、でもそれ、言うは易し、行うは難しですよね」とか「やってもうまくいかないから、最初からやらないほうが賢明ですよ」といった声です。

こうした声が聞こえてくるのは当然なのです。「あなたの言うことは素晴らしい、でもそれ理想論ですよね」という声はおそらく、ほとんどの人に聞こえています。

では、それをやらなかったら、各社横並びの状況から抜け出せますか。

前にも書きましたが、およそ新しいビジネスは、新しいニーズの発見から生まれます。そして大方のニーズが満たされた今、新しいニーズを見つけようと思ったら、今までどうしても解決できなかった問題を見つけ出して、そこにヒントを見つけるのが近道ではないでしょうか。

ＳＤＧｓの17のゴールにこだわる必要はありません。これはあくまでもガイドラインとして提示されているものであって、すべての答えが集約されているものではありません。新しいものを生み出す思考の手がかりとして使っていくものです。

ＳＤＧｓは２０３０年のあるべき姿です。２０３０年までにすべての社会課題が解決されるはずはなく、その後もさらに異なる種類の課題が現れ続けるはずです。

内閣府が提唱するＳｏｃｉｅｔｙ５・０を説明するホームページでは、２０５０年のありたい日本の姿が提示されています。

たとえば、
・ＩｏＴで全ての人とモノがつながり、新たな価値がうまれる社会
・イノベーションにより、さまざまなニーズに対応できる社会
・ＡＩにより、必要な情報が必要な時に提供される社会
・ロボットや自動走行車などの技術で、人の可能性がひろがる社会

こんな未来社会のイメージがイラスト付きで紹介されています。
その他にも多くの未来予想や未来年表がネットや書店にあふれています。その数はコロナ禍を経てさらに増えています。まさに、今、世の中があるべき姿に向けて変わろうとしている様子がわかります。

電気自動車がガソリン車にとって代わるという予測も、海の魚の3分の1が漁業から養殖に変わるという予測も、１００歳以上の高齢者が激増するという予測も、すべて未来年表に掲載されています。

示されていないのは、そこに至る方法です。その方法をどのように考えるかは自由なのです。社長の想いや自社の強みを手掛かりに、その方法を考え出すところにビジネスが生まれます。その方法が未来のニーズを満たします。

「あなたの言うことは理想論です。だから無理」という反応は、誰にでも当たり前に起こります。だからこそ、この内なる声を超えて、来るべき未来に向けて行動を起こす人だけが、次のステージに行けるはずです。３年後には新しい事業をつくり、イキイキと働く人材を抱え、５年、10年後には独自のポジションを確立しているはずです。

第5章

中小企業のサステナブルブランディングで避けたい5つの間違い

一つ目の間違い「SDGsもどき」

この章では、SDGsのゴールを活用して、会社の独自性を構築し、顧客と社員をファンにしたい社長のために、絶対避けてほしいポイントを5つ紹介します。

第一は「SDGsもどき」と一線を画することです。

「SDGsウォッシュ」という言葉を聞いたことのある方も多いと思います。SDGsを謳って広告宣伝を華々しく行うものの、実体は社会課題を解決していないというものを指します。発信される情報と実際の活動が異なっているのです。

つまり社会課題の解決という実態を伴わずに、SDGsの社会貢献的なイメージだけを活用して顧客や社会に対して良い印象を植え付けようということを指して言います。

中小企業がこのそしりを受けないようにするためには、繰り返しになりますが、社会課題の解決を事業の中に位置付けて実施することです。地域の公園や神社の清掃も良いことなのですが、それが本業に貢献していない場合は「SDGs」とは呼べないということです。

誤解のないように申し添えると、私は中小企業が行う清掃活動やボランティア、募金活動などを否定しているわけではありません。それらが直接、売上に結び付かないとしても、企業のイメージアップには役立ちますし、それらの活動によって恩恵を受ける人がいるのであれば、素晴らしい活動です。

むしろ、直接、売上に結び付かないのに、給料や手当を支払ってこうした活動を行う社長の高い志には感銘を受けます。地域社会の応援のおかげで会社が存続しているという感謝の念を、ボランティア活動を通して伝えるという考えにも共感します。

加えて、これらの活動を通して、日頃の業務の枠を超えたコミュニケーションを行い、それによって社員が広い視野を培ったり、新しい知識やスキルを身につけたりできるのであれば、人材育成の一環としても意義深いものです。その結果、業務に好影響を及ぼすという効果も期待できます。

しかしながら「ＳＤＧｓ」という言葉を使うのであれば、利益を出すことで社会課題の解決に継続性を持たせることが条件となるということを申し上げたいのです。

聞くところによると、外務省が主催するＳＤＧｓアウォードの受賞企業でさえも、「ＳＤＧｓウォッシュ」と言われることがあるそうです。多くの人が優れたＳＤＧｓのお手本と評価する活動さえも、見方によっては「もどき」になってしまう。そのくらい、境界線は曖昧です。

このリスクを避けるためには、折に触れ、自社の活動を点検してみる必要があります。

ＳＤＧｓのいずれかのゴールに至る道筋をたどっているか、社会課題の解決を視野に納めているか、利益を出す方策を探求しているかなどがチェックポイントです。

そして、関わる人から意見や反応を得たら、それに合わせて柔軟に軌道修正をしていきます。こうすることで、ひとりよがりにならずに、協力者を広く集め、計画自体をブラッシュアップしていくことができるはずです。

意識したいCSRとSDGsの明確な違い

1章でも少し触れましたが、ＣＳＲ（企業の社会的責任）活動を「ＳＤＧｓ」と言葉だけ置き換えて行っている企業もあります。ＣＳＲは企業が社会的責任を果たすために行う活動です。そこに利益という発想は含まれていません。

何度も言いますが、事業が利益を生まなければ継続性は担保できません。社会の課題は永遠に生まれ続けます。課題解決策が継続できなければ、再び、社会は新たな課題に覆いつくされます。

ＣＳＲ活動が「社会貢献活動」だとしたら、ＳＤＧｓに関わる事業はそこに利益創出の条件を加えた「社会課題解決事業」です。この違いは微妙ですが、中小企業の社長にとっては大きな差を生みます。その活動を担う部門がコストセンターになるかプロフィットセンターになるかの違いがあるからです。

ＣＳＲという考え方は１９９０年代から日本に浸透し始めました。当時、前職で中小企業の広報活動を支援していた私は、この素晴らしい考え方を広めようといろいろなところに働きかけました。

「社会貢献は地域に密着した中小企業こそ率先してやるべきことです。なぜなら、社会貢献度の高い企業は、顧客や地域社会から素晴らしい会社と認識され、企業イメージを向上させることができるからです」と。

ところが経営者の反応は良くありませんでした。

たいていの社長から返ってきたのは、「それは素晴らしい。ぜひとも当社でもやるべきだ。しかし、今は本業が忙しくてできない」とか「会社は本業で稼いで利益を出し、税金を納めるのが、最大の社会貢献」といった言葉です。

利益を生まず、経費だけかかるという活動は、動機付けが曖昧です。本業に貢献しないのに時間だけとられるという活動は、いくらそれが社会から必要されていると言われても、経営者の食指は動きません。ＣＳＲ活動が中小企業に浸透し辛かった理由の一つはここにあります。

「他の事業で利益を出し、その利益を資金源にしてＳＤＧｓに関わる事業を回したらどうでしょうか」という質問を経営者から受けたこともあります。

この質問に対する私の答えは「はい、当面はいいですね」でした。

先にも書きましたが、どんな事業でも、新規に始める場合は、売上より経費がかかります。当然、必要経費は他の事業で得た利益を回すことになるため、「当面はいいですね」となります。

ところがスタートした事業がずっと赤字であったとしたら、どこかの段階で撤退か方向転換を考えるのではないでしょうか。言い換えれば、どこかの時点で黒字化しないことには、事業としての継続は不可能ということです。

ＳＤＧｓに関わる事業であっても例外ではありません。利益が出なければ、止めるか、違う方法を考える。社会課題の解決は尊い行いですが、利益が出なければ継続もままなりません。

カタチから入るか、ココロから入るか

貴社のＳＤＧｓ活動が「もどき」にならないようにするもう一つの方法は、他社のマネをしないということです。

第２章の最後に触れたように、ＳＤＧｓに取り組むのであれば、まず自社を振り返ってみる必要があります。会社の強みや理念から立ち上がってくるものをＳＤＧｓのゴールに結びつけて事業やブランディングを考えていく方法を私はお奨めします。

建設業、製造業、小売業など、同じ業界に属する企業は、取り組む社会課題として似たようなものを選びがちです。あるいは同業他社がうまく活動を展開しているのを見ると、表面だけマネしてみたくなるのも人情です。

建設業であれば、どの企業でも「住み続けられるまちづくり」はテーマになるでしょう。製造業であれば「産業と技術革新の基盤をつくろう」はどの会社でも考えることです。女性社員の活躍を期待したい企業であれば「ジェンダー平等を実現しよう」は優先順位の高いゴールです。農業や林業などの一次産業は「海の豊かさを守ろう」や「陸の豊かさも守ろう」は必須のテーマです。

同業他社の取り組みを横目でみると、どれも自社に当てはまるように見えてきます。そこで、まず表面だけをマネして広報活動に使っていこうとなりがちです。

先にも書いたように「ＳＤＧｓもどき」正確には「ＳＤＧウォッシュ」とは、ＳＤＧｓを謳って華々しく広報活動をおこなうものの実態は伴っていない状態を指します。同業他社を表面だけマネしましたという活動は、「もどき」に限りなく近付きます。

本来、貴社の内から立ち上がってくるべきＳＤＧｓのゴール設定や活動が、同業他社のコピペだとしたら危険です。

ということを踏まえたうえで、一見矛盾することを言うようですが、活動開始の段階で同業他社のマネをするのは、実はアリと考えています。

やり始めたばかりは右も左もわかりません。

何事もそうですが、ココロから入ってカタチをつくるやり方と、カタチから入ってココロをつくるやり方があります。重要なのは始めることです。ココロから入るかカタチから入るかはその時の都合に応じて選んでよいのです。

内から立ち上がる理念やビジョンがどうしてもつかめないとき、ＳＤＧｓのゴールとの関連性がぼんやりしているときは、同業他社や他人のマネから始めます。

「マネる」の語源は「マナぶ」です。カタチをまねて行動をしているうちに、カタチの背後にあるココロが見えてきます。ココロを学べば、自社の独自性をどこに置くべきか見えてくるはずです。

活動の経過とともに、ココロとカタチをつなぎ合わせて独自性の高いビジネスモデルを作り上げていく、この目的地を見据えて進めます。

ＳＤＧｓを活用したサステナブルブランディングの目的は、同業他社から貴社を際立たせ、優位性を確立することです。そこには貴社の内から湧き上がる理念やビジョンとＳＤＧｓとのゴールとの共鳴が必要です。その共鳴から生まれる事業が、貴社のブランドを伝えるものとなっていきます。

二つ目の間違い「社員不在のブランディング」

ＳＤＧｓを活用したブランディングに限らず、会社のブランディング戦略に社員を巻き込むことの意義には大きいものがあります。社長と主だった社員がブランドコンセプトの検討から具体的な行動計画まで策定し、ある時点で会社全体に展開するという方法を私はお薦めしています。

もちろん最初から全社員が参加できた方がよいのですが、現実問題として無理がありまず。日々の業務を回すために現場から離れられない社員も多く、時間的にも能力的にも難しいというケースも多々あります。

私は中小企業のブランド構築に多数関わってきました。それらは多くの場合、ブランドをマーケティング的側面からとらえた支援でした。重要なターゲットとして「顧客」を視野にとらえ、企業が想定する良いイメージをどのように顧客に浸透させるかに気を配ってきました。

そうした中でいつも気になっていたのは、その会社の社員の存在です。

実のところ、会社や商品・サービスのブランド、すなわち品質や信頼性は、マークやそれらを使ったホームページなどの媒体よりも、「人」を介してのほうが、ストレートに、正直に伝わるものだからです。

ある旅行代理店にツアーの申し込みに行った時のことです。今は旅行の手配はネットが主流ですが、まだ旅行代理店に足を運ぶという習慣が残っていたころのことです。

大手企業の傘下にあるその代理店は、店舗の外に大きな看板を掲げて、「お客様の夢をかなえる旅行代理店」を謳っていました。

入口のドアを開けるとテーブルと椅子がいくつか並んだ商談スペースがあり、世界各国そして日本各地のパック旅行のカタログが並んでいます。見上げると、南の島の青い空を映したポスターやヨーロッパの大聖堂の写真を大きく伸ばしたパネルが飾ってあります。

午前中の早い時間だったためか、訪問者は私以外になく、商談スペースの向こう側のカウンターを挟んで、5、6名の男女社員が黙々と事務仕事をしています。社員同士の会話もなく、BGMもなく、客であるこちらが戸惑うほどの静けさです。

「おはようございます」と私。さほど大きな声ではありませんでしたが、その場にいる人には十分聞こえる声量でした。

ところが、カウンターの向こうの社員は誰一人として顔を上げません。

戸惑いつつも、しばらくじっと立っていると、ややあって、後ろの方から一人の女性が立ち上がって、お世辞にも元気とは言えない声をかけてくれました。

「あの、次の三連休に沖縄に行きたいんですが……」と私が言うと、「少々お待ちくださ い」と目を伏せがちに女性社員。

その女性が後ろに下がると、奥にいた男性の一人に小さな声で何かを言い、代わりに男性社員がにこにこしながら「いらっしゃいませ」と出てきました。

そこから先は手慣れた風の男性社員が、航空チケットや宿の手配を手際よくしてくれました。が、先ほど感じたぎごちなさが、なんとなく身体に残って会話にうまく入っていけません。

ぎごちなさの正体と選ばれる理由

会話にうまく入っていけなかった理由は、「お客様の夢をかなえる旅行代理店」というキャッチフレーズと、最初の女性社員の対応のギャップが気になって仕方なかったからです。最初の女性社員と次に出てきた男性営業社員とのギャップが、なんとも居心地悪く印象に残ってしまったのです。

いくら会社が好ましいイメージを創ろうとしても、社員がそれに相応しい態度をとらなければ、ブランドを創ろうという試みは最初の一歩からくじかれます。社員の間に温度差があると、人間関係が悪いのではないかという憶測まで出てきます。

この些細な居心地の悪さは、この店を選ばないという理由にはなりません。ところが、もし、同じ旅行代理店で、ブランドが謳う理念と社員の対応の間に全く違和感がなく、ドアを開けた瞬間から心地よさが漂ってくるような店があったとしたらどうでしょうか。比べてみるとその差は歴然です。扱う商材や価格に大きな違いがなければ、客は気持ちの良い店を選ぶことでしょう。

これは旅行代理店でなくても、客を迎えるどんな店、事業所、企業でもいえることです。同じ商材を同じくらいの価格で選ぶなら、客の気持ちを汲んだ居心地の良い店や企業を選ぶのは人情です。

そういう意味で、ブランディングすなわち会社のブランドを構築するプロセスに社員を巻き込むことは大切です。その意向を汲みつつ、ブランディングの意図を浸透させていくことで、会社のブランドと社員の気持ちが寄り添うものになっていきます。

会社のブランドは社員を介して、より正確に、好ましいイメージを伴って伝わるようになります。まず社員を会社のブランドのファンにしなければいけないという理由が、ここにあります。

三つ目の間違い「理念を描き、共有する手間を省く」

ブランディングのプロセスに、社員を巻き込むことが大切と書きました。社員を巻き込む際に必要なのが、理念を描き、共有するというプロセスです。ＳＤＧｓを活用したブランディングの場合は、理念とＳＤＧｓを関連付けて描くところがポイントになります。このプロセスを省くと、魂を入れないブランディングになります。

会社の理念は、経営者の創業の想いや、代々受け継がれてきた大切な考え方をもとに作られます。時代を経てもその本質は変わらずに継承されることがほとんどです。

会社の理念を社員が共有するメリットはいくつもあります。代表的なものは、理念が物事の判断基準になるということです。

会社では毎日いろいろなことが起こります。環境の変化が激しい昨今は、初めて出会うようなできごとやアクシデントが発生することもあります。

そういった時にどう対処すればよいのか。とるべき行動のガイドラインとなるのが理念や行動指針といった会社の考え方なのです。

一般的に、会社の理念と個々の社員の理念の重なり合いが大きいほど、社員の働きがいは大きくなります。逆に重なり合いが少ないほど、会社の人間としての自分と、プライベートな存在としての自分の乖離が大きくなります。結果として能力が半分しか発揮できなくなります。

最近、仕事を「ライフワーク」ととらえるか「ライスワーク」ととらえるかによって、仕事に臨む気持ちや成果が異なるという話をよく聞くようになりました。

「ライフワーク」は文字通り、社員の個々の動機に基づく仕事の仕方です。その人の人生をかけて追求するゴールのなかに、会社の仕事が位置付けられます。

「ライスワーク」はライス、つまり食べるためにやる仕事です。家族と自分の生活のためにする仕事です。ここでは社員の人生や個人的なミッションの優先順位は低くなります。フリーランスであればいざ知らず、会社に所属する限りは、個人のゴールよりも組織のゴールが優先されます。勢い、会社の中で「ライフワーク」と「ライスワーク」を重ねることは難しくならざるを得ません。ここにモチベーション管理の難しさがあります。

ライフワークとライスワークを両立させるポイント

ところが「ライフワーク」と「ライスワーク」は共存が可能です。「ライフワーク」と「ライスワーク」を両立することができれば、働く人のモチベーションを引き出すことができるようになります。

ある会社では、社長が社員に対して「頭の中を半分に分けるな」と言っていました。会社員としての自分とプライベートな自分を分けると、会社で発揮できる能力が半分になってしまう。逆にその人の個性や能力のすべてを会社で表現できれば、仕事の成果や他への影響も大きくなるという考え方です。

会社で自分のやりたい仕事に就けた人は、能力を発揮しやすい環境にいます。仮にやりたい仕事ができていない人でも、意味付けを的確にすることで能力を発揮しやすくなります。意味付けとは、会社の理念と自分の考えが合致しているとか、会社のビジョンに共感するからここで働いているなどの納得感を得ることです。腹落ちするということです。

たとえば、ある地方の病院では「患者様満足」を最優先の理念として掲げ、そのもとで全ての職員が仕事をしています。

この病院の院長と話をした際にこんな言葉を聞きました。

「うちの職員は、患者様の役に立って、患者様に喜んでもらえることが一番うれしいのです。そういう経験をして喜びを味わうと、もっと役に立ちたいという想いが湧いてきて一生懸命になるのです」

職員の志と病院の理念が具体的に結び付く経験の場を与え、社員の能力発揮と患者満足を実現している様子がうかがわれます。

理念や行動指針の浸透を目的に、理念カードやクレドカードといったものを作成し、社員に携帯させる会社を時々見ます。これらを肌身離さず持っていることも大切ですが、より大切なのは、その意味を社員の個々が自分との関係のなかで理解することです。

ここを怠ると、理念が絵に描いた餅になります。クレドカードは「会社から持たされている」という感覚になり、行動指針やモチベーションの源としての本来果たすべき役割を果たせなくなります。

理念を描いたら、共有し、個々の社員が内面化するプロセスを丁寧に描く。そして、実行していくことが大切です。それがブランディングの中核となります。

四つ目の間違い「イメージだけをゴールにする」

マーケティングの観点から見ると、ブランドは、会社と顧客の間にできるイメージと言えます。イメージというのは漠然としているため、それが良くなったか悪くなったかの計測には工夫が必要です。

会社によっては顧客アンケートをとって満足度を計測したり、問題点の把握に使ったりしていますが、目的が定まっていないために場当たり的になっているケースが見られます。

ブランディングに限らずどんな業務もそうですが、何か手を打ったら、それによる効果がどのくらい出たかを計測することが大切です。期待したほど成果が出ていなければ、手段が間違っている可能性があります。期待以上に成果が出ていれば、活動を継続する根拠となります。

いわゆるＰＤＣＡを回すということは、ブランディングに関わる活動においても大切です。計画し、実行し、チェックし、必要とあれば修正をするという工程をたどることで、活動自体の精度を上げ、目指すゴールへと近づいていきます。

ＫＰＩとかＫＧＩとかいう言葉をご存知の方も多いと思います。すでに活用されている社長もいるでしょう。いずれも活動成果を測る指標で、この指標を設定しておくことで、ゴールへの到達度が計測できます。

　インターネットが普及してからオンライン広告やネット上の広報の効果測定がしやすくなりました。ホームページであればアクセス解析をすることによって、どのくらいの人に閲覧されているか、どのテーマのページに関心が集まっているかなどを随時追っていけます。そしてその結果に基づき、ホームページ上の表現や使いやすさ、ページの遷移などを改善していくことができます。ＳＮＳもメルマガも同様に、効果を測定することで改善点を見いだすことができます。

他と比較するのではなく、時系列で見る

効果測定をするときに大切なのは、時系列で見ていくということです。当たり前に思われるかもしれませんが、これができていないケースが多いのです。

アクセス解析で言えば、ページビュー数や閲覧時間といった指標を見ることになります。それらの指標がどのくらいの数値を記録すれば「良い」と言えるかどうかは、業界や会社によって、あるいはコンテンツによって異なります。一般的に「このくらいの数字であれば良い」と言われてはいますが、あくまでも一般論であって貴社に当てはまるとは限りません。

余談ですが、人間の脳は、過去と比較して自分が良くなったと認識できると、より活性化するそうです。逆に、他人よりも優れていると感じる「優越感」や、劣っていると感じる「劣等感」は脳にとっては何も意味がない。むしろ、害であるとさえ言われています。

会社にとっても同じことが言えます。何らかの行動の結果、顧客のリピート率やアンケートのレスポンス率などの数値が過去よりも良くなれば、社員の喜びになります。その喜びは、さらに行動を進めようという原動力になります。

他方、これらの数値を他社と比較して、高い、低いを論じたところで、社員のモチベー

ションや業績に好影響を及ぼすことはほぼありません。

「他社よりも低いから、もっと頑張ろう」という掛け声は生じるかもしれませんが、そもそも指標の計測方法や事業の仕方が異なっていたら、高い、低いを論じる根拠がありません。

アクセス解析をするのであれば、大切なのは、何かの手を打ったことによって、どう変わったかを見ることです。ホームページであれば、コンテンツを更新したことによって、どの数値がどう変わったか、ＳＥＯを強化したことによって、どの項目がどう変わったかといった視点です。

時系列で見ていくということは、定期的にチェックをしていくということです。毎日の煩雑な業務に追われながら継続するには相当の努力が必要です。社長や上司がその価値を理解し、適切にバックアップしていく必要があります。

そしてその分析結果をＰＤＣＡのＣ（チェック）の部分で活用し、今後の活動に役立てていくことが大切なのです。

五つ目の間違い「情報発信が無計画」

ＳＤＧｓに限らず、ブランディングでは、情報発信のフェーズが重要です。情報発信のフェーズとは、会社が伝えたいメッセージをさまざまなコンテンツとメディアを使って発信していく段階です。これが無計画であると、せっかく作り上げたブランドのメッセージが上手く伝わっていきません。

情報発信には、コンテンツとメディアを使うと書きました。コンテンツは情報の中身のことを指します。同じコンテンツでも、写真やテキストが主体の読ませるコンテンツもあれば、動画や音声などを使った打ち出しの強いコンテンツもあります。

他方のメディアは、コンテンツをターゲット層に伝える媒体を指します。ウエブサイトやＳＮＳなどの電子媒体、パンフレットやリーフレットなどの紙媒体、そしてテレビや新聞などのマスメディアなどがあります。

情報発信はこれらのコンテンツとメディアの特性を踏まえ、効果的に行う必要があります。

いまやほとんどの中小企業がホームページを持っていますが、その活用の度合いや用途はさまざまです。ＳＮＳと連携して毎日情報を更新しているような企業もあれば、更新コンテンツは年に一度の社内イベントの報告だけといった企業もあります。人材採用を主目的として情報発信している会社もありますし、ネット販売中心に展開している店舗もあります。

集客やリアルタイムの情報発信にＳＮＳの利便性は高まっているものの、現在のところ情報発信の中心は自社のホームページと言えるでしょう。

言語の問題をクリアすれば、全世界から参照できるメリットがあります。コンテンツの量は無限に増やすことができます。検索エンジンに何らかの形で登録されれば、過去のコンテンツも無駄にならず、長期間にわたって閲覧されることになります。

パンフレットやカタログなどの紙媒体と比較したときのホームページの圧倒的な優位性は、情報の更新が容易だという点に集約されます。

最近はＣＭＳ（コンテンツ管理システム）と呼ばれるシステムが普及し、ホームページを記述する言語を知らなくても柔軟な更新ができるようになりました。

メディアとコンテンツを俯瞰した計画的な情報発信

ＳＤＧｓに関する貴社の情報を社内外に伝えていくうえでインターネットの役割は重要です。そして、ＳＤＧｓの事業を起点に貴社のブランド化を図っていくのであれば、その目的に合致した計画的な情報発信をしていく必要があります。

伝えたいブランドのコンセプトを決め、それを具体的に伝えるために役立つ企画を年間で組み立てていく必要があるわけです。

季節感のある事業をしている企業であれば、季節に合わせたコンテンツの企画をあらかじめ立てておきます。年度の初めに大まかな更新計画を立てておけば、更新作業を行う現場の負担は軽減されます。

メディアの特性に応じてコンテンツの見せ方を変えることも検討しておきます。たとえば、ＳＮＳを使うのであれば、即時性の高い情報を頻度高く発信していくことを考えます。タイムラインに流れて、後から参照されることはほぼありませんので、スピード感とリアルタイム性を重視した情報提供になります。

ホームページであれば、何度も参照される可能性がありますので、ストック型の情報の方が適しています。よく検索されるキーワードで検索エンジンに登録されれば、あとあとまで参照される可能性がありますので、時間経過とともに陳腐化しない情報の方が適しています。

徐々に減っていく傾向にはありますが、紙媒体の役割も見逃せません。保存性に優れ、すぐに参照できる特徴を活かして、ホームページ同様のストック型の情報を掲載していきます。

さらに顧客層に応じて、コンテンツと媒体を使い分けるという方法もあります。ブランドコンセプトへの共感度の高いロイヤルカスタマーへの情報を特別に用意したり、休眠顧客に対するコンテンツを制作して再購入を促すといった具合です。

いずれにせよ情報発信の目的は、貴社のブランドの浸透とファンの拡大です。その目的を外さないように発信する情報の管理をしていく必要があります。

そして前に触れたように、情報発信の効果を計測していくことも大切です。どの指標を用いて効果を測定するか、あらかじめ決めておくとスムーズな運用ができます。

双方向コミュニケーションの留意点

ホームページやＳＮＳの登場によって、企業の情報発信活動が双方向性を高めています。もちろんＳＮＳの登場以前から、問い合わせ窓口や担当部署を設けたりして、多くの企業が顧客の声を聞く体制を整えていました。

ですから、より正確には、双方向のコミュニケーションが、よりスピーディに、便利にできるようになったと言った方が正しいでしょう。

ブランディングではコンセプトが大切と再三言っています。そのコンセプトの共感性の高さと合わせて、実務的な面では、より顧客に寄り添った対応が求められています。そしてそれが、顧客が認知するブランドの一要素となっています。

先に取り上げた旅行会社が典型例です。「お客様の夢をかなえる」というコンセプトは共感できるが、実際の対応が顧客に寄り添っていなければ、顧客が抱くブランドイメージは下がるばかりです。

ＳＤＧｓに関わる事業は、社会課題の解決に向けて、関わる人や企業とパートナーシップを組みながら構築していきます。

そこではパートナーたる社外や顧客の意見が重要な役割を果たします。双方向のやりとりが可能な仕組みをインターネット上などに用意しておくことは意味のあることです。そのやりとりを公開し、真摯に対応する様子を見せていくこともブランド構築の一助となります。

いくらＳＤＧｓのゴールに沿った事業であったとしても、一企業が考えたものでは解決に限界があることも考えられます。一つの社会課題を解決したつもりでも、その背後で別の社会課題が発生しているかもしれません。

先に挙げた途上国の「安全な水」問題で言えば、子供が学校に来て勉強できるようになると、家庭が安全な水を手に入れることができなくなり、家族全体の健康が損なわれるといったことが起こり得るのです。

良かれと思って始めた活動が、思わぬところで好ましくない結果を招くことはよくあります。

たとえば、「住み続けられるまちづくり」に貢献しようと、事業所の敷地内に樹木をたくさん植えたとします。社員は癒しの空間ができたと喜び、周辺の住民も自然豊かな町になったと感謝の言葉を述べます。

ところが樹木が増えたために、スズメやカラスがたくさん集まってくるようになった。

鳴き声はうるさいし、フン害も半端ではない。近隣住民からは逆に苦情が発生するようになってしまったという場合。

当初の見通しがつかないところで想定外の問題は発生するものです。ですから、見通しがつかない活動はやらない、のではありません。それでは物事は何も進みません。大方の計画は見通しがつかないものです。見通しがつくのを待っていたら、時間ばかりが経過します。

そうではなくて、とりあえず、やってみる。そして想定外のところから問題が出てきたら、関わる人が集まって解決の方法を考えるのです。

活動を始めた人をつかまえて「見通しが甘い」と責めるのではなく、発生した問題にどのように対処したら、別の問題を生み出すことなく解決できるか知恵を集めて考えるのです。

これを実現するために、各方面からの情報が集まる場を用意しておきます。意見やクレームを受け止める器を用意しておきます。

一個人、一企業の視野では把握しきれないほど、問題の背後には複雑な事情が存在しています。そのすべてに目配りして解決しましょうというのがＳＤＧｓの主旨です。

活動を始める時点で全てを把握することは１００％無理です。時間軸に沿ってどんな問題が発生するかは、やってみて初めてわかるものです。

関係者の意見や改善提案に対してオープンに対応する姿勢は、最低限整えておきたい構えです。インターネットの双方向性を活用し、周囲からの情報を得やすい環境を用意しておくことも留意したいポイントです。

五つのサマリーとチェックポイント

この章ではＳＤＧｓに紐づく事業を行い、貴社のブランディングを行っていくうえで避けたいことを５つ紹介しました。チェックすべきポイントのサマリーとあわせて以下に記載します。

①ＳＤＧｓもどきにならない

ＳＤＧｓの17のゴールのいずれかに紐づくビジョンを持ち、そこに到達するための手段として事業を検討すること、そしてブランド化を図っていくことが大切です。

事業のなかで社会課題の解決を目指しているか、継続性が担保されているか、ゴールに到達するうえで必要であれば、志を同じくするパートナーと連携する意思があるか、などがチェックポイントとなります。

避けたいのは、表面だけ他社のマネをするとか、実体の伴わない広報活動にＳＤＧｓという言葉を使うといった行為です。

もちろん取り組みの当初は、同業他社のマネでも構いません。大切なのは、いずれ社会課題の解決を本業に取り込み、利益を出すということを念頭において、一歩を踏み出すことです。

踏み出さなければ何も始まりません。踏み出せば違う景色が見えてきます。その景色に照らして自社の理念や強みを改めて見直し、独自の道を歩むこともできるはずです。

②社員不在にならない

ＳＤＧｓを冠にしたブランディングであっても、ブランド化のプロセスのどこかで社員を巻き込むことが大切です。ブランドというと広告・広報活動を想起される方が多いのですが、より大切なのは、社員を通した貴社ブランドの伝達です。

そのためには社員が貴社のブランドに納得している必要があります。人は素直なもので、納得していないと、その通り態度に出ます。いくらホームページに美辞麗句を並べても、顧客対応する社員がまったく違う言動をとれば、貴社のブランドは危うくなります。

逆に、納得して自分なりの解釈をしていれば、顧客対応に個々の社員の個性が現れます。ブランドは一貫性が大切と言われます。貴社のどこを切っても、あるいは誰に尋ねても同じメッセージが出てくるようになる。そのための一つの方法が、ブランド化のプロセスに社員を巻き込むことなのです。

全員を巻き込むのが難しいのであれば、現場のリーダークラスまで巻き込み、各部門に対してはリーダーから浸透をさせてもらうことを考えます。

この方法をとると、リーダークラスは自分の言葉でブランドを説明しなければならなくなります。他人に教えることは、当人にとっても良い学習の機会となります。ブランドを理解するという観点からは好都合です。

③理念を描き、共有する手間を惜しまない

社員にブランドコンセプトを浸透させるためには、相応の手間が必要となります。若干語弊のある言い方ですが、大方の場合、社員は会社のブランドや理念を自分とは関係ないものと認識しています。

会社の理念は、創業者や社長の個人的な想いから発していることが多く、社員個々のキャリアや人生に対する想いは、それとは別にあります。

もちろん思慮深い社員は入社の際に貴社の理念やビジョンを確認し、自分に共感できる要素があるかどうかを確認しているはずです。その時の納得感を維持するためには、会社側が理念を繰り返し共有する機会を設ける必要があります。

そうでないと日々発生する目先の仕事に追われ、自分は何のために働いているか、何を目指しているのかが忘れ去られてしまいます。

会社のブランドや理念が自分の想いや生き方とかけ離れている社員の場合は、さらに手を掛ける必要があります。一人ひとりの想いや人生のビジョンを掘り起こすところから始めなければならないからです。

日々業務に追われる中小企業で、社員の想いを掘り起こすために十分な時間をとることはほぼ不可能でしょう。実際のところ、「あなたの人生のビジョンはなんですか？」とか「あなたはどんな想いをもって仕事をしていますか？」と尋ねたところで、回答できる社員は多くないはずです。

であれば、まずは職場の人間関係を改善するところから始めるのでも構いません。自分のことが語れるくらいの職場の雰囲気をつくるのです。

職場でプライベートを明かすのは、はばかられるという会社がまだあります。自分の弱みや欠点を見せると足元をすくわれるのではという恐怖心から、通り一遍の会話しか交わされない職場もあります。

こういう環境では誰もビジョンや想いを口にしません。口にしないと、社長と社員や社員同士の重なり合いをつくることもできません。

重なり合いをつくるとは、会社の理念と社員の想いの関連性を見つけるということです。会社の理念と自分の想いは重なっているという、意味付けをするということなのです。

こうした意味付けによって働くことの納得感が生まれ、行動に移ることができます。

その手間を惜しむと、せっかくブランディングを始めても、会社から発せられるメッセージが表面的なものになります。社員に腹落ちしていない広報上だけの言葉になってしまいます。

このリスクを避けるためにも、ブランドコンセプトをつくったら、全員の納得感を得るために手間をかける必要があるのです。

④イメージづくりだけをゴールにしない

ブランドという言葉自体の曖昧さにも起因するのですが、ブランディングというとイメージづくりをゴールにしてしまうケースがあります。

ブランドコンセプトを決め、それに沿った情報を発信して望むブランドイメージの創出を目指すのがブランディングです。イメージづくりがゴールの一部であることは確かです。他方、イメージづくりだけをゴールにすると困ったことも起こります。

およそすべての企業活動には、活動の成果を測り、とった行動の妥当性を判断する効果測定のプロセスが必要です。これをしないと、実施した内容が目標に照らして正しかったのかどうかがわかりません。

行動の成否がわからなければ、改善策も考えられません。結果として、計画・実行・評価・改善のＰＤＣＡサイクルを回すことができなくなります。これでは資源の無駄づかいにしかなりません。

可能であれば、成果を数値で把握し、時系列で改善されているかどうかを見たいところです。売上高や利益などの金額はわかりやすく使いやすい数値ですが、こと社会課題を解決するＳＤＧｓベースのブランディングとなると、金額で成果を表すまでに時間がかかります。

そこで、リピート客をどのくらい増やしたかや、友人・知人にどのくらい薦めたいかなどの、共感性を培ったかどうかが判断できる数値を使います。そしてその数値を他社と比べるのではなく、時系列で比較し、目標に向かって進んでいるかどうか、とっている行動は正しいかどうかを判別します。

⑤場当たり的な情報発信をしない

ホームページやSNSの普及によって、中小企業の情報発信は従前に比べて格段に容易でリアルタイム性に優れたものになりました。手段は発達したのですが、依然、情報の内容つまりコンテンツの作成が場当たり的になるケースがあります。

可能であれば、年間計画を立て、最適なタイミングで適切な情報が顧客や地域社会に届くよう配慮していくことが必要です。

場合によっては対象によって届ける情報のバリエーションを用意する必要もあるかもしれません。わかりやすい例を挙げると、一般向けとは別に子供向けのコンテンツを用意するといったものです。

小学生の学習指導要領にSDGsに関する記載がされたことは前にも書きました。企業が社会課題の解決に取り組むことが当たり前と考える世代が、これから世の中に出てきます。この世代に向けてわかりやすくかみ砕いて企業活動を紹介していくことは意義があります。

子供からその親へと情報が広がる可能性があること、そして、将来の人材候補として早くから貴社のファンを育成できることなどが、その理由です。

情報発信に第三者の視点をいれることも検討事項でしょう。ひとりよがりにならず、顧客や地域社会、あるいは識者からのフィードバックを得ながら活動している姿を見せていきます。そしてこれらを場当たりではなく年間計画を組んで実施していきます。

ここまでの説明で、避けるべきことはご理解いただけたと思います。あとは実践あるのみです。

大切なのは第一歩を踏み出すことです。一歩を踏み出せば、一つ上のステージが見えてきます。

第6章

顧客の育成と社員の成長が支える、会社の成功物語のつくり方

ＳＤＧｓは永遠ではない。ではそのあとは？

前章までに、ＳＤＧｓの17のゴールを切り口に、３年先のビジョンを掲げ、社会課題を解決する事業を構想する、そして、社員の力を引き出してその実現を目指す考え方と方法を書いてきました。

ここである社長から質問されました。「ＳＤＧｓは２０３０年のゴールですよね。そのあとはどうなるのですか？」と。

前にも書きましたがＳＤＧｓはＣＳＶ（共有価値の創造）の一手段ととらえると、考えやすくなります。ＣＳＶとは、営利企業が社会課題の解決に取り組むことで、社会的価値と経済的価値の両方を生み出そうとするアプローチ方法を指します。ＳＤＧｓは２０３０年をターゲット年として設定したＣＳＶのゴールを表したものです。

したがって２０３０年を超えてもＣＳＶの考え方は続きます。２０３０年を超えて変化するのは、ターゲットとする社会課題の種類やレベルであると想像されます。

「では、ＳＤＧｓとＣＳＶとどちらの言葉を使うべきなのですか」と問われたので、「今はＳＤＧｓと言った方が、たくさんの人に理解してもらえる。ＳＤＧｓという言葉を使った方が良いでしょうね」と答えました。

ＳＤＧｓに関わる活動が始まって数年。中小企業の間で認知度は高まっているものの、まだ本格的に取り組もうという動きは弱く、既存の活動にＳＤＧｓのラベルを貼った広報活動にとどまっている企業も散見されます。

社会課題の解決とともに利益を生み、活動の継続性を担保するという活動に本気で取り組む企業が、その姿を見せる。それによって他に影響を与えていく流れが、これからできていくと期待しています。

先のように「ＳＤＧｓは２０３０年で終わりだから、時限付きの活動」と思っている方も多くいます。先述の説明で、それはむしろ逆であることがお分かりいただいたと思います。

社会課題への取り組みは、これからの事業に不可欠となってきます。それは顧客や社会の共感を生むといったマーケティングやブランディング上のインパクトに加え、制度的な理由からも予測されています。

たとえばＳＤＧｓ認証制度を設け、認証を受けた企業・団体に対して補助金交付を始めた自治体があります。ＳＤＧｓに取り組む企業向けの融資を行う金融機関も増えてきました。ビジネスプランコンテストにもＳＤＧｓ部門を設ける主催団体が増加しています。

中小企業に直接関係するケースは少ないのですが、Ｅ（環境）、Ｓ（社会）、Ｇ（企業統治）を重視した企業に優先的に投資資金が回る動きも加速しています。

国は２０５０年に温室効果ガス排出をゼロにする方針を打ち出し、東京都も２０３０年には新車販売をすべて電気自動車に変えるとしています。

事業活動を行うすべての企業が、環境や社会課題を他人事として傍観視していられない状況が急速に進んでいるのです。

他方、ＳＤＧｓは、良いことですが、万能ではありません。

社会課題解決ビジネスは利益を生むまでに時間がかかります。過去の経験が活用できず、試行錯誤を繰り返す可能性も大いにあります。

今日始めたから明日効果が出るというものではありません。短期的な成果をねらう思考に加えて、3年後、5年後を見据えた中長期的な成長への志向性が求められます。

その間は既存事業の延長線上で、よりよく顧客の課題を解決する手段としてＳＤＧｓを活用します。この2段構えの取り組み方法によって、社会課題の解決に向けた志向性を組織に埋め込み、利益を出しながら未来のあるべき姿を追求します。

いずれやらなければいけないのであれば、早く手掛けたほうが、より遠くへ、実りのある方向へと行けます。

「本業が忙しい」と言っている場合ではありません。未来の本業を作るために、今動く必要があるのです。

会社の発展を支える社員の成長、その2つの側面

本書の第3章でSDGsの8番目のゴールである「働きがいも、経済成長も」に関して説明しました。社員の力を引き出す環境づくりが、持続可能な経営に不可欠であることを書きました。また環境づくりの中心となる求心力の源としてSDGsを活用することのメリットをお伝えしました。

人材が会社の成長に不可欠であることは多くの先人たちが口にしています。

「人は城、人は石垣、人は堀、情けは味方、仇は敵なり」と言ったのは武田信玄。「人材は人財」とは多くの経営者が語る言葉です。

不測の事態が常態になった現代では、以前にも増して、人材の成長が会社の成長に不可欠です。ここで言う「成長」とは、ただ単にスキルが向上したとか、技能が身に付いたということを言っているのではありません。スキルや技能の根底にある、ふるまい方、考え方、世界のとらえ方などの成長を指しています。

この違いをパソコンとの比較で説明すると次のようになります。

パソコンには、基本ソフトであるOSと、そのうえで稼働するアプリケーションソフトがあります。ウィンドウズやマックOSのようなOSが、パソコンのふるまい方、処理の

仕方をルール化したソフトウエアだとしたら、ワードやエクセルなどのアプリケーションソフトは、OSの上で計算や文章作成などの具体的な事象を処理するものです。

人の成長にも、行動や思考の基本パターンを表すOSの成長と、そのうえで稼働するスキルや技能などのアプリケーションの成長があります。今まで会社の中で行われてきた研修やトレーニングは、その多くがスキルや技能などのアプリケーションの向上を目指すものでした。

美しい角度で腰を曲げるあいさつや、誰よりも早くキーボードを打つスキルは、業務を遂行するうえで必要不可欠なものです。そこに自分らしさが素直ににじみ出ていたり、他の人や後工程に配慮する姿勢が付け足されていたりすれば、処理する業務の枠を超えて、周囲に好影響を及ぼします。OSの成長のなせる業なのです。

「朱に交われば赤くなる」の言葉通り、一人の行動変容は他の人の変容を呼びます。その影響は良い方向にも悪い方向にも広がります。だからこそ変容の起点には、好ましい影響力を持つ人がいるべきです。

人のOSの成長を促す起点として最もふさわしいのは誰でしょうか。会社の中で最も影響力のある人は誰でしょうか。中小企業における社長の影響力は絶大です。多くの場合、それは本人が意識している以上に影響を与えています。この影響力を使わない手はありません。

人材のOS成長に役立つSDGsの意義

先述のようにＳＤＧｓのゴールはいずれもパートナーシップすなわち他の企業や組織との連携なくして達成できないものです。つまりＳＤＧｓに取り組むということは、これまでの社内に完結した行動様式を変化させ、同じゴールを共有する他社あるいは他者と役割分担をして補い合いながら計画を進めるということを意味します。

もちろん、すでに他社や他の組織と連携して事業を行っている企業もあるでしょう。すでにパートナーシップの土壌はできているという組織もあるでしょう。であれば、それを逆に、会社の中の業務にも適用していくことを考えます。

では、人のＯＳの成長とは、具体的に何を指すのでしょうか。

私は、自分中心の視点から、他人の視点へと視野を広げ、全体の最適解を見つけることができる能力や行動を培うことと考えています。

異なるバックグラウンドを持つ人や組織同士がパートナーシップを築くためには、互いに相手の事情を汲み、存在理由を知り、理解したうえで、両者が満足する最適解を導きだそうという姿勢が求められます。それは自分を押し殺すということではありません。自分の軸もニーズもビジョンもすべて理解したうえで、他者を理解しようという姿勢です。

つまり良いパートナーシップを築くためには、人のOSの成長が不可欠となるのです。この能力はすべてのパートナーシップに対して適用可能です。会社と会社の間でも、社長と社員の間でも、社員同士でも成立しますし、社員と顧客との間でも成立します。もちろんプライベートの関係でも成立します。

ただし一つだけ条件があります。それはゴール、目的地、目指すところを共有しているということです。ゴールを共有していなければ、パートナーシップを組む理由がありません。同じゴールを共有しているからこそ、パートナーシップの意義が高まります。

地域課題を解決するビジネスを数多く生み出してきたある社長は、「うちの会社のために連携しようと言っても、誰も乗ってこない。SDGsの何番と何番と何番のゴールに貢献する事業だから一緒にやろうと言うと、〝ぜひやろう〟と即決する」と語ります。そのくらいSDGsのゴールは魅力的で普遍的な価値を持つものと言えます。

そしてそのゴールを共に追求する中から、異なるコミュニティに属する人同士の理解が促進されます。自己中心から相手の事情に気を配る視野の広さが身につきます。それが人のOSの成長を促します。未来の事業を作り、顧客や社会の共感を呼ぶというメリットに加え、人材育成という観点からもSDGsの意義を読み解くことはできます。SDGsに関わることで、会社の成功を支える社員の成長物語を紡ぐことができるのです。

SDGsとITの親和性から生まれる新たな競争力

ＳＤＧｓのゴールを追求していく上でＩＴの貢献を見逃すことはできません。

ＩＴといえば企業内の業務やコミュニケーション、あるいは広報やプロモーション活動などを飛躍的に進化させた技術です。加えて、社会課題の解決という領域でもすでに多数の成果を生み出しています。それはＤＸ（デジタルトランスフォーメーション）という言葉を聞く頻度の増加と比例しています。デジタルトランスフォーメーションとは、「ＩＴの浸透が人々の生活をあらゆる面で良い方向に変化させる」という意味です。社会課題の解決を図り、弱者に手を差し伸べるＳＤＧｓの概念とも重なります。

たとえば中山間地や離島など医療の不足している地域と専門医のいる中央の病院をオンラインでつなぎ、遠隔診療を実現する。そして必要な医薬品をドローンで搬送するといった実証実験が始まっています。へき地の高齢者も孤立することなく、高水準の医療を受けることができ、必要な薬品を時間差なく手に入れることができます。

また自動車の免許証を返上した高齢者などに柔軟な移動の手段を提供しようと、ＭＡＡＳ（モビリティ・アズ・ア・サービス）と呼ばれる新しいサービスが国内各地で試されています。消費者が自分の居場所と行きたい場所をスマホに入力すると、最適な交通手段や料金が示され、自宅まで送迎してくれるといったような利便性の高いサービスの実現が射程距離に入っています。

いずれも「すべての人に健康と福祉を」というＳＤＧｓ３番目のゴールや、「住み続けられるまちづくりを」という11番目のゴールに貢献しています。

モノのインターネットと言われるＩｏＴの分野では、既存産業にＩＴを導入することで、画期的な成果が生まれています。

たとえば農業分野にＩｏＴを導入する試みが日本各地で行われています。

農業用ハウスのなかの日射量や二酸化炭素量をセンサーで計測し、農作物の生育に最も適した環境を制御すれば、外部環境の影響を受けずに安定した栽培が可能となります。

ひと昔前から登場していた葉物野菜の植物工場も、コロナ禍で再度脚光を浴び始めました。陽の光が入らない閉鎖空間に多段の棚を設置し、野菜の苗にＬＥＤを照射して育成します。土を使わない水耕栽培で、人手を介することなく育成と収穫ができますので、衛生面からも注目を集めています。これもＩＴ活用の成果です。

昨今の気候温暖化は食糧の生産に警鐘を鳴らしています。こうした技術の進歩により、新しい市場が創出されるとともに、ＳＤＧｓの2番「飢餓をゼロに」や、15番「陸の豊かさも守ろう」のゴールが視野に入ります。競争力を生み出す武器ともなります。

業務の標準化を促進し、働き方改革に貢献

会社の中に目を向ければ、社内のいたるところにＩＴ化による業務改善のタネがあることがわかります。顧客対応、販売支援などのフロント業務から、開発、生産、施工などのミドル業務、さらには経理、人事、在庫管理、コミュニケーションなどのバックオフィス業務まで、従来の業務をＩＴに置き換えることで、効率化とともに働き方改革に役立つ要素を多数見つけることができます。

ある社長にＩＴ化のメリットについて説明をした際、「うちの会社はすべての仕事が人についているから、ＩＴ化は考えられない」という答えが返ってきたことがあります。仕事が属人化しているためにＩＴの導入は難しいと考えている社長がまだ相当数いるのです。考え方としては逆です。

仕事が属人化していると、その人しかわからない仕事の領域ができてしまう。つまりブラックボックス化してしまいます。仮に当人が何かの都合で会社に来られないと、その仕事はその時点でストップです。業務に滞りが生じます。何かの理由で突然辞めてしまったら、周囲の負荷は計り知れません。

こうした状況を未然に防止するためにも、本来やるべきは、仕事の標準化です。業務の

目的、内容、手順を明確化し、誰がやっても同じことができるようにします。

するると誰がやっても大体同じレベルの結果や成果を期待できるようになります。突然、社員のひとりが休んでも、大きな混乱なく、業務を継続することができます。

業務の手順が明確になっていればＩＴ化も容易です。ＩＴ化によって標準化はさらに進み、業務効率は向上します。結果として働き方改革にもつながります。

業務の目的や手順を明確にしていく過程で、個人に抱え込まれていた不用な仕事や非効率な仕事のやり方が明らかにされます。標準化、ＩＴ化を進める過程で、仕事内容そのものを現状にあわせて更新したり、スリム化したりすることも可能となります。

ある中小企業では長年勤務する経理の担当者が仕事を抱え込み、他から口を出せない状態にありました。専門領域で長く同じ仕事を続ける社員がいると、部外者はあえてそこに立ち入ろうとしません。立ち入ろうとしてもその領域での知識の違いが大きく、言い負かされてしまうのです。

ところが経理に関わるルールはたびたび変わります。ある時偶然、社長が、まったく不要な伝票をいつまでも使っていることに気付きました。

「なぜ、この伝票をつかっているのか」と経理担当に尋ねると、「以前からやっているから」という答えが返ってきて、社長はがっかりしたといいます。

習慣とは怖いもので、いったん必要と頭に刷り込まれると、疑うことなく使い続けてしまうことがあります。それは担当者本人の責任でもありますが、他の人が気付き、指摘することができない状況になっていることも一因です。

もちろん本人が気付き、対処するのが理想的ですが、一人の人間の情報収集力は限られています。個々の社員が自分の仕事を抱え込んでしまうと、他からのチェックが働かず、改良の余地がなくなります。

ここにＩＴ化というプロセスを挟み込むと、業務の優先順位が多面的に検証され、無駄な業務が洗い出されます。業務の見直しは、働き方改革の第一歩。「働きがいも経済成長も」のゴールに近づく最短距離でもあります。

誰ひとり取り残さないIT導入の手順

いちはやくITを導入し、情報を全社員で共有している会社と、そうでない会社。顧客から見た差は歴然です。

H社は中小企業に対して福利厚生や経理支援など多様なサービスを提供する会社です。顧客別に担当者が割り振られていて、さまざまな相談が寄せられます。

ある日、顧客が自社の加入する保険について尋ねようと電話をかけてきました。あいにく担当者は外出中。行動予定が書かれたホワイトボードに行き先は書かれているものの、帰社予定の時間がわかりません。電話口に出た女性は、顧客からの電話を保留にしたまま、別の電話で担当者の携帯に電話を掛けます。ところが、商談中なのか運転中なのか、呼び出し音に反応はなし。電話口の顧客に対して、「大変申し訳ありません」を繰り返すばかりです。

顧客は「担当者でなくてもいい。わかる人はいないのか」と怒りを抑えた声で尋ねます。と言われたところで、社内に誰もわかる人はいない。電話の気配を察した周囲も一緒に途方に暮れるばかり。中には見て見ぬふりをしている社員もいます。

こんな経験、貴社ではないでしょうか。

会社のなかにはさまざまな情報があります。顧客の情報、社員の行動予定、売上目標、従うべきルールなどなど。これらが共有されているかどうかで、社員の動きは変わってきます。顧客に対する対応のレベルや社員のコミュニケーションにも影響を及ぼします。

「情報を共有しよう」という掛け声をかけるよりも、情報共有が可能となるインフラ、すなわちＩＴを導入したほうが近道です。最近はほぼすべての社員がスマートフォンを持っていますので、使い勝手のいいアプリを利用して情報共有を図るのは、思いのほか容易です。

Ｈ社では、まずスマホアプリを使って社員の行動予定を管理するようになりました。管理といっても、各自がアプリに自分の行動予定を毎朝アップするだけです。どこにいて、何をしているのか。これがわかるだけで、社員間のコミュニケーションが改善します。社員相互のチェックが働いて、行動に緊張感が出てきます。成果の出る働き方を選ぶようになります。Ｈ社では、アプリに情報をアップする延長線上で顧客情報の共有も開始。あえて専用のシステムを導入せず、社員全員が取り組みやすい方法で情報共有のメリットを理解し始めました。

ＩＴ導入に当たっては、抵抗勢力にいかに対処するかが問題になります。特に新しいシステムを導入し、活用しようという段になると、必ずと言っていいほど、非協力者が現れます。抵抗しないまでも無関心を装い、結果として導入の障害となる人たちが現れます。

抵抗の理由は、ＩＴが苦手だったり、苦手であることを周囲に知られたくなかったり、自分の既得権益が奪われることへの防御だったりします。年配の社員の中には、今さら新しいことに取り組むのは嫌だという人もいるでしょう。キーボードを触るのは無理という人もいるはずです。

ＳＤＧｓの基本コンセプトの一つに「誰ひとり取り残さない」があります。ＩＴに限らず、新しいことに取り組もうという際に、抵抗勢力が現れるのは当然です。だから、抵抗社員を「取り残さず」導入する方法を選択すべきなのです。

Ｈ社のように、馴染みのあるスマホを使ったＩＴの導入などは敷居が低く、受け入れられやすい方法です。なぜなら日本のスマホの普及率は９割に達しようという状況です。９割の人が使いこなしている端末であれば、導入時のハードルはぐっと下がります。

ＩＴが苦手な社員だから仕方がない、と考えるのではなく、ＩＴ弱者に寄り添った導入方法をとる。それが結果としてＩＴが得意な人にとっても使いやすく、業務改善に貢献するＩＴの活用法となります。

ＩＴの導入は企業の持続可能性を高めます。同時にＳＤＧｓの思想に基づく持続可能な考え方が、ＩＴの導入を促進します。「うちの会社は無理」と諦める前に、やれることはたくさんあるのです。

課題先進国から後進国へビジネス機会を移転

ＳＤＧｓはグローバルな課題に対応するという側面を持っています。「貧困をなくそう」や「気候変動に具体的な対策を」は途上国の課題と考える方も多いのですが、実は私たちの身の回りにもカタチを変えて同様の課題が漂っています。その課題のカタチは国の開発の進度によって異なると考えることができます。

とすると、早期に課題に直面し、その解決策を考え、実践した国は課題解決の先進国と言えます。こうした課題解決の先進国がそのノウハウを課題解決の後進国に移転することで、新しいビジネスが生まれます。同時に社会課題解決の糸口を見つけることができます。

たとえば人口の高齢化問題。日本はイタリアと並び、高齢化先進国と言われます。世界でいち早く高齢化の問題に対応し、解決策を考え、実践している国、それが日本なのです。

日本がいち早く高齢化の道を進んだ理由として、医療や生活保障、教育水準の向上が挙げられます。産業が発達し、生活レベルが向上すると、どの国も同様に高齢化の道を歩む可能性があります。そうなったときに、各国が個別にゼロから解決策を検討するよりも、高齢化先進国である日本のとった方法を現地式にアレンジして応用したほうが、早く、効果的に手を打てるはずです。

日本の高齢化問題として最初に挙げられるのが、社会保障費の問題です。高齢者を支える若年層は減少しているのに、高齢者は増えている。したがって、社会保障が十分に提供できなくなるという問題です。

年金の支給開始年齢が次第に引き上げられています。60歳で定年を迎えても、すぐには年金が支給されません。生年にもよりますが、定年年齢からあと数年は自力で稼がないと、生活レベルが維持できません。

この問題に対して、企業は定年延長や再雇用制度を充実させています。コロナ禍以前は労働力不足が顕著だったので、シニアが労働力の需給ギャップを埋める有力株と目されていました。

他方、リタイア前と同じ仕事で再雇用をされたシニアが、給料が3分の1に激減するという現実に直面し、モチベーションを失う場面も出てきました。同じ仕事をやっているのに、もらえるお金が少ない。その理不尽さにがっかりして、早々に会社を去る社員も出てきました。

シニア社員のスキルやノウハウは会社にとっての財産です。会社としては、若手にスキルを伝承する役割も期待したいところです。そこで、再雇用後のシニアの待遇を改善する企業が現れるようになってきた。

……といった具合に、社会課題が発生するたび、国や企業がいろいろな手を打ち、その解決の道を探ります。いずれの解決策も万全ということはありませんので、打ち手の影響を見ながらさらに改善していくということを繰り返します。

高齢化から生じる社会保障の問題を解消するために、シニア社員の再雇用制度を充実させる。その待遇を改善することでシニアのモチベーションを維持し、現役で働ける期間をできるだけ長くする……といった具合に、一歩進めば次の課題が見つかる。そして、その課題解決を検討してまた一歩進むというように、少しずつ前進していきます。

こうした解決策は一朝一夕では生まれません。さまざまな試行錯誤の結果、問題の解決方法が洗練されていきます。

その洗練された解決方法を、課題先進国から課題後進国に移転する。そこにビジネスが生まれます。社会保障の例以外にも、生活に不可欠なインフラを作る技術や農業の生産性を上げる技術、ＩＴを使った教育など、さまざまな角度から検討が可能です。

貴社の技術も、課題後進国に移転するという観点から一度見直してみてはいかがでしょうか。

安い労働力でも旺盛な購買力でもない進出目的

ひと昔前、中小企業の海外進出と言えば、安い労働力を求めて製造業が工場を移転したり、旺盛な購買力のある市場に参入するべく現地法人を設立したりするのが主流でした。労働力という資源の調達や、新規市場の開拓といった戦略の一環として海外を目指したのです。

中小の製造業のなかには取引先の大手企業の要請で海外進出を決断したという会社も多くありました。取引先が海外に工場を移転するので、サプライヤとして生き残るための数少ない選択肢の一つとして、やむを得ず決断したという苦しい声を聞いたこともあります。

バブル時代に社会に出た学生たちの中には自分の可能性を試す場所として海外勤務を希望する割合がかなりありました。景気の悪化とともに学生の意識も下向きになり、「できれば行きたくない」といった声が「行きたい」という声を上回るようになりました。若い社員が自分の力を試す場所として、海外、特にアジア地域は魅力がなくなってきたのです。

ＳＤＧｓが示唆するビジネスチャンスは、かつて中小企業が海外に求めたチャンスと、少し異なる趣を呈しています。

国内の資源や市場に限界を感じる企業が、次の一手を打つために海外を目指すという点では変わりはありません。

異なっているのは、現地社会の課題を解決するという視点が加わっている点です。

いつの時代も若い人たちは社会課題に敏感です。安い労働力や旺盛な購買力を期待して海外に出向いた一昔前より高いモチベーションを持って、海外へ関心を向けています。

急激に進む都市化への対策、子供たちへの教育機会の拡大、限りある資源を有効に活用するリサイクル、安全な水資源の確保など、アジアやアフリカなどの地域には日本の技術で解決できそうな課題が多数埋もれています。

これまでも慈善団体などが主体となって、アジアの山深い地域に図書館を作ったり、文房具を提供したりといった活動は行われてきました。尊い志に支えられた慈善事業は素晴らしいものですが、時に現地の事情を踏まえていなかったり、活動団体の事情で継続性が担保できなかったりするものもありました。

現地の子供たちと一緒に、寄贈した図書館の前で写真をとる日本の篤志家たちの様子を目にしたことがあります。現地の大人も子供も満面の笑顔で、日本からの大きなプレゼントを前に写真に納まっています。素晴らしい貢献に日本を誇らしく思う瞬間です。

教育は、貧困から抜け出るための最良の方法と言われます。図書館は教育に必要な知識を本というかたちでストックし、提供する貴重な場所です。これを足掛かりとして、現地の人たちは子供に対する教育を充実させ、生活水準を向上させていくと期待されます。

現地の暮らしを豊かにする継続的な仕組みづくり

この図書館の寄贈物語にＳＤＧｓの視点からもう一歩踏み込むとしたら、教育の充実という取り組みにビジネスを織り込み、こんなシナリオを検討することができます。

図書館の一室にＩＴルームを設ける。そこで子供たちや若い人材に対してプログラミングを教える。教えるのは日本の企業です。この企業は同時に現地の自治体のＩＴ化を有償で請け負う。そして将来のＩＴ人材育成の一環としてプログラミング教室を開催する。プログラミング言語に国境はありません。ＩＴはこれからも世界で求められる技術です。人材育成が進めば、プログラミングが必要な世界のＩＴ企業から仕事が回ってきます。

十年か二十年かたつうちに、日本人が寄贈した図書館の周りに現地の人たちが経営するＩＴ企業が多数生まれる。お金が回り、生活水準が上がる。さらに教育投資が可能となり、優秀な人材を輩出する地域となる。

こんな物語が描けたら素晴らしいと思いませんか。

あるいは図書館の一室で、現地の植物や果実などを材料にしてバッグやアクセサリーなどを作る。作るのは現地の女性たち。彼女たちを雇用するのは日本の企業です。

作ったアクセサリーは日本で販売します。販売した代金の一部は製作者である現地の女性たちに支払われます。お金を手にした女性たちの社会的地位が上がります。社会から認められて女性たちの自尊心も上がります。

こんな関係を現地で作れたら素敵だと思いませんか。

社会課題の解決に営利企業の考え方を持ち込み、現地ニーズに配慮した継続性のある活動とすることの大切さは、第1章で説明した通りです。

先の例は架空の物語です。しかし何かを寄贈して終わりではなく、現地にお金を回る仕組みを作り、その一部に参画して自ら利益を出すといったビジネスは考えるに値します。

自利利他の言葉通り、それは貴社にも返ってくるものがあります。そうでなければ継続はできません。継続できなければ、社会課題の解決とは言えません。利益が出なければ企業が本気で取り組む活動としての意味がありません。

ここでお伝えしたいのは、ＳＤＧｓはこれまでとは異なる観点から、中小企業に海外進出の機会を示唆しているということです。安い労働力を求めてとか、旺盛な購買力のある市場開拓するといった従来のパターンとは異なる観点から、貴社の技術やノウハウが役立つ手つかずの市場が見つかる可能性があるということです。

そしてその検討の過程では、これまでのビジネスの延長線上にはない、創造的な発想が役立ちます。

企業の成長のためにSDGsを活用するという視点

本書はＳＤＧｓを活用して、中小企業のブランディングを行う方法を、事業開発や顧客管理、モチベーション、さらにはＩＴや海外進出など多様な観点から記してきました。

ＳＤＧｓは寸分の隙もなく良いことを語っていますが、中小企業の経営者であれば、社会課題の解決よりも自社の持続的発展を優先するのは当然です。

中小企業にとってのＳＤＧｓは従わなければならないルールなのではなく、未来に向けて発展していくための道具や手段として位置付けたほうが健全です。17のゴールは良いことばかりが並べられていて文句のつけようもないものばかりですが、その実現に「奉仕する」という立ち位置をとると、簡単に踏み出すことができません。

私がＳＤＧｓを中小企業のブランディングに活用しようとしたきっかけの一つは、ＳＤＧｓの17のゴールは、企業のビジョン策定に格好の材料を提供していると考えたからです。そして、経営者がビジョンを持ち、そのビジョンが社員と共有されているということは、働く人が幸福で企業も利益を出しているという理想の状態を実現するうえで必須の条件だからです。

私がコンサルティングをやっている究極の目的は、幸福感と業績が両立する企業を一つでも多く作り出すことです。それはゴール8の「働きがいも経済成長も」と重なる目的です。私にとっても、ＳＤＧｓはそのための手段であり道具なのです。

中小企業の経営者と話をする機会があれば、私は「社長のビジョンは何ですか」と尋ねます。世界平和を口にする社長もいます。業界の課題を解決する壮大なビジョンを語る経営者もいます。きわめて個人的なビジョンを語る方もいます。人それぞれです。

こんな風にあえてビジョンを尋ねるのは、目指す方向を語ることは貴社のビジネスに関する賛同者を集めるのに一番適した方法であると考えるからです。賛同者とは、顧客であったり、顧客の顧客であったり、社員であったり、社員の家族であったり、人材採用の対象者だったり、その家族だったりします。

もちろん商品やサービスが素晴らしく、それが固定客を惹きつける最大の要因となっている会社もあります。でも、商品やサービスが素晴らしいという背景には必ず何らかの理由があるはずです。その理由は、「こうありたい」という経営者自身の想いに根差しているはずです。

尋ねられて初めて考え始める人もいます。頭のなかにぼんやりとあるのだけれど、言語化されていないので、口から出てこない人もいます。

言語化されていなければ伝わりません。だからＳＤＧｓを手掛かりにして、内にある想いにカタチを与えてはどうでしょうと提案をしています。もちろん17のゴールはすべての人のビジョンに対応しているわけではありません。だから広く共感を集められるような想いを自由に語ればよいのです。

ＳＤＧｓを手掛かりにして、経営者自身が、賛同してほしいと考える人たちに向けて、魅力的に映るビジョンを作ればよいのです。

言葉になれば、反応が得られます。ビジョンが事業計画に落とし込まれれば、たくさんの視点からフィードバックが得られます。言葉や計画などのカタチができれば、物事はスタートします。目指す方向に向かって動き出します。

ＳＤＧｓの17のゴールはそのきっかけづくりに最適なのです。

ブランディングの新しい切り口を求めて

ここ数年、会社の業績に対して社員の幸福感がどのように影響を及ぼすかについて研究が進んでいます。多くの調査結果が、働く人が幸福であれば、仕事に対するモチベーションが上がり、結果として業績が上がるという因果関係を示唆しています。

他方、社員が幸福に働いていても業績が上がらない、という会社の存在も指摘されています。

社員は幸福だと言っているが、会社は儲かっていない。
社員は幸福だと言っていて、会社も儲かっている。
この両者の違いを生み出す要因の一つ、それは社員に対する方向付けの有無だと私は考えます。

方向付けはビジョンの設定と浸透によって行います。この会社はどの方向に向かっていくかという定義です。その定義が明確にあり、一人ひとりの社員に腹落ちしていること。加えて人間関係が良好で、個々の役割が明確であれば、幸福感が会社業績に及ぼす影響は好ましい方向に向かうはずです。

つまり、社員が幸福で儲かっている会社には、それを可能とする仕組みが用意されているのです。

私はその仕組みづくりを体系化してコンサルティングのプログラムとして提供していま
す。この章の終わりに、プログラム開発の裏話をご紹介します。

私は社員10数名の広告制作会社で25年近く働きました。

人材採用広告のコピーライターから始まり、次第にマーケティングの企画や営業まで任されるようになりました。広告・広報の世界にインターネットという巨人が現れ、紙や電波からウェブへとメディアの主役が交替する場面も見てきました。

その間、中小企業診断士やＩＴコーディネータ、キャリアコンサルタントとマニアのように資格を取りました。

いずれコンサルタントとして開業するためという目的もありましたが、広告や広報の仕事をするうえで有用な知識や情報を得る上でも大いに役立ちました。というのも、これらの資格取得の過程で、製造業、小売業、卸売業、サービス業と多岐にわたるクライアントの経営が共通してもつ問題点や成功のパターンなどを学ぶことができたからです。これらの知識と現実を照らし合わせ、論理的に戦略を組み立てる背景知識として役立てることができました。

サラリーマン生活後半の10年は中小企業診断士との二足のわらじで、中小企業の社長と一緒に事業計画を作成したり、マーケティング戦略を考えたり、お金の調達を算段したりといったようなことをしてきました。その間に、働く人が幸福だと言い、業績も良いという中小企業の研究を続けてきました。

そして満を持してコンサルティング会社を開業、というと聞こえはいいですが、想いばかりが先立つスタートでした。

関わる人すべてを幸せにしたい社長へ

私がコンサルティング会社を設立する時点で決まっていたのは、広告の制作会社で培ったブランディングを中心に展開するということ、社員が能力を発揮できる環境を作ることの2つです。

長年携わったコピーライティングという仕事は、私にとって天職と思えるほどのやりがいのある仕事でした。

コピーライターは言葉を使い、人を動かす仕事です。一瞬で頭に入るような短い言葉のなかに万感の思いを込める作業です。その言葉は、昼も夜も延々と考え続けてやっと生まれるものもあれば、その瞬間にひらめくものもあります。

いずれにせよ、言葉が人を動かすという場面を多数見てきました。言葉によって会社を方向付けるブランディングが、顧客や社員に好ましい影響を与える効果を、身を持って経験してきました。

第5章でも書きましたが、一般的にブランディングというと、顧客に向けてどうアピールするかという観点が目立ちます。会社は顧客に商品・サービスを購入してもらって初めて利益を得られますので、理にかなっています。

何度も言うようですが、貴社のブランドを顧客に伝える最も重要な媒体は、貴社の社員です。それは広告やホームページを使った広報などの間接的な方法よりも、よりダイレクトに顧客に伝わります。

したがって会社のブランディングを行おうとしたら、社員がまず共感するコンセプトを作ること。この優先順位は非常に高いのです。

社員が会社のコンセプトに心から共感するためには、そのための環境づくりが必要です。表面だけ納得しているように見える、ではなく、心から納得できるような環境づくりです。その詳細は第３章で書きました。

これでブランディングと人材のモチベーションを関連付ける理屈はできました。あとはブランディングが業績に結びつく仕組み作りです。そこにＳＤＧｓという道具がぴったりと当てはまったのです。

先に書いたようにＳＤＧｓはビジョン策定のツールとして利用価値が高いのに加え、具体的な事業に落とし込む際のガイドラインともなります。さらにＩＳＯのようにかっちりとしたルールがないため、解釈の仕方によって自由に使えます。

私がＳＤＧｓに最も価値を感じたのは、既存市場から一歩抜け出て、新たな市場創出の手がかりを提供してくれるという点です。しかもその新しい市場を創出するためには、社内外のパートナーシップが必要なのです。

同業他社がひしめき合い混み合う既存市場ではなく、社会課題を解決するという旗印のもとで、協働体制を築き、全く新しい市場を拓こうというのです。

会社のなかでも、先頭に立って旗をふる社長だけでなく、多様な背景を持つ社員の協力が必要です。しかも、誰もやったことのない領域へ踏み込もうというのですから、過去の経験よりも自由な発想が役に立ちます。人の力を引き出すまたとない機会を提供してくれます。

社会課題を意識し、その解決を事業に取り込んで利益を生む。そして事業を継続し、関わる人を幸せにしていく。社長のやりがいは人によって異なりますが、顧客であろうと社員であろうと関わる人を潤す会社は、社会の中でひときわ光ります。

本書で紹介したR社やC社のように、アンテナの高い社長はすでにＳＤＧｓを活用したブランディングに取り組み始めています。

２０３０年は刻一刻と近づいています。次にステージに上がるのは貴社です。

あとがき

未曽有のパンデミックは、この原稿を書いている2021年の新年でも収まる気配を見せません。多くの人が自分の価値観を変えざるを得ない日が続きます。右肩上がりの経済成長はずっと続くと考え、そのための努力は必ず報われると信じて仕事をしてきた皆様も、現実はどうもそうではないらしいと気づき始めたのではと思います。

私は一貫して、中小企業の業績と働く人の幸福感を両立する方策を探してきましたが、この1年で大きく流れが変わってきたことを感じています。経済中心の考え方から人・自然中心へのシフトは確実に起こっています。

とは言っても、企業は利益を上げなければ存続できないという現実は変わりません。大切なのはどのようにバランス、両立させるかです。

本書は私が定期的に開催するセミナーの内容を大幅に加筆して制作しました。過去15年以上にわたってアドバイスをさせていただいた中小企業の事例などを盛り込んで説明をしています。

なかでもＳＤＧｓの事例として掲載を快諾してくださった株式会社令和ハウスの浅岡社

長には厚く御礼申し上げます。ＳＤＧｓの見方、とらえ方は金沢工業大学の平本先生とスタートＳＤＧｓのメンバーからの情報と知恵に私の考えを加えて書いています。併せて御礼申し上げます。

さて、最後に私が「会社の業績と働く人の幸福感の両立」にこだわる理由を書き添えます。人生１００年時代を前に、働くことは生きることと同義になってきたと感じます。働くは「はたを楽にする」の意味だとも言われます。ただ単に生活の糧を得るだけでなく、人の役に立ち、自己重要感を感じ、生きている理由を見つける上でも重要な人生の一部です。

他方、働くことをめぐる環境は決して理想的とは言えません。コロナ禍で状況は大きく変わりましたが、ハラスメント、メンタルダウン、コミュニケーションの断絶などは依然大きな問題です。それが会社の業績にマイナスの影響を与えていることは事実です。

これらの問題はハラスメント研修をやったり、コミュニケーションスキルを磨いたりすることで若干の改善は可能です。しかし抜本的に解決しようとしたら、社長の強い関与が必要です。社長が強く関与するためには、それらが社長の抱く優先順位の高い事項と結びついている必要があります。それは社長のビジョンであったり、利益を生む事業だったりするはずです。

幸い、私は中小企業のコンサルタントとして20年近く、事業戦略やブランディングを支援してきました。この分野での実績は多数あります。ここにSDGsが加われば、次の世代の事業をつくるとともに、社内の解決能力と働く人の幸福感を高める鍵になり得ると考えたのです。

全国の企業の99％以上を占め、従業員数では7割以上を占めるという中小企業。そこで働く人が幸福であれば、日本の働く人の多くが幸福になります。そして企業が利益を生み、会社も繁栄するのであれば、これ以上の理想はありません。その方向へと舵を切るかどうかは社長の意志一つにかかっています。

理想論ではありますが、理想も掲げなければ、その方向に物事が動きません。一人でも多くの社長が賛同してくださることを願って終わりにします。

最後までお読みいただき、ありがとうございました。

2021年1月吉日

株式会社アトリオン　代表取締役

村木　則予

著者　**村木　則予**　Noriyo Muraki

マインドシェア経営コンサルタント。採用媒体社や広報・ＩＴ系企業等でブランディングや人材採用等に関する経験を重ねたのち、中小企業および創業者のコンサルタントとして延べ１００社以上の経営を支援。並行して、組織改革の分野の研究を開始し、利益創出に資する組織づくりの要諦を探求。

その一つとして手掛けたのが「人材の幸福感と業績が両立する企業の質的研究」。働く人の満足感や幸福感が高く、業績も業界平均以上という企業の共通項を発見し、マス・アイデンティティと名付ける。この研究成果に、マーケティングや新規事業開発の最新の知見等を組み込み、「マインドシェアＮｏ１ブランド構築プログラム」を開発。顧客と社員における「自社の心の占有率」を最大化させ、業績を押し上げるサイクルを創出するコンサルティング展開で、特に人の問題等で悩む企業において絶大な成果をあげる。

また、国連が提唱する「持続可能な開発目標」ＳＤＧｓのフレームワークをプログラムに取り入れ、社会的存在価値の高い企業のブランドづくりを支援。地球的命題と現実の狭間を解き明かす具体的な事業成長策として、いま多くの経営者から注目を集めている。

津田塾大学学芸学部英文学科卒。静岡大工学部事業開発マネジメント専攻了（工学修士）。

小社 エベレスト出版について

「一冊の本から、世の中を変える」――当社は、鋭く専門性に富んだビジネス書を、世に発信するために設立されました。当社が発行する書籍は、非常に粗削りかもしれません。熟成度や完成度で言えばまだまだ低いかもしれません。しかし、

・リーダー層に対して「強いメッセージ性」があるもの
・著者の独自性、著者自身が生み出した特徴があること
・世の中を良く変える、考えや発想、アイデアがあること

を基本方針として掲げて、そこにこだわった出版を目指します。

あくまでも、リーダー層、経営者層にとって響く一冊。その一冊から経営が変わるかもしれない一冊。著者とリーダー層の新しい結び付きのきっかけのために、当社は全力で書籍の発行をいたします。

中小企業のサステナブルブランディング

定価１、９８０円（本体１、８００円＋税10％）

２０２１年４月９日　初　版　印刷
２０２１年４月20日　初　版　発行

著　者　村木則予（むらきのりよ）
発行人　神野啓子
発行所　株式会社　エベレスト出版
〒１０１-００５２
東京都千代田区神田小川町１-８-３-３F
TEL　０３-５７７１-８２８５
FAX　０３-６８６９-９５７５
http://www.ebpc.jp

発　売　株式会社　星雲社（共同出版社・流通責任出版社）
〒１１２-０００５
東京都文京区水道１-３-３０
TEL　０３-３８６８-３２７５

印　刷　株式会社 精興社　　装　丁　MIKAN-DESIGN
製　本　株式会社 精興社　　本　文　北越紀州製紙

 ISBN 978-4-434-28752-7